AF357049

LÉON BOURGEOIS

Le Traité de Paix de Versailles

DEUXIÈME ÉDITION

LIBRAIRIE FÉLIX ALCAN.

LE TRAITÉ DE PAIX

DE

VERSAILLES

LÉON BOURGEOIS

LE TRAITÉ DE PAIX

DE

VERSAILLES

DEUXIÈME ÉDITION

PARIS

LIBRAIRIE FÉLIX ALCAN

108, BOULEVARD SAINT-GERMAIN, 108

1919

I

RAPPORT PRÉSENTÉ AU SÉNAT

LE 3 OCTOBRE 1919

AU NOM DE LA COMMISSION DES AFFAIRES ÉTRANGÈRES

CHARGÉE D'EXAMINER LE PROJET DE LOI

PORTANT APPROBATION

DU TRAITÉ DE PAIX DE VERSAILLES

(28 JUIN 1919)

Aux termes de la loi constitutionnelle du 16 juillet 1875, le Président de la République négocie et ratifie les traités de paix; mais ceux-ci ne sont définitifs qu'après avoir été approuvés par une loi. Le vote du Parlement précède la ratification et l'autorise.

Cependant, ce ne sont pas les articles du traité, ce sont ceux du projet de loi portant approbation du traité, qui sont soumis au vote des Chambres; elles ont toute liberté pour discuter les dispositions de la convention, mais cet examen achevé, elles doivent, par un vote unique, se prononcer sur l'ensemble du traité.

La Chambre par 372 voix, a voté l'approbation du Traité de Paix avec l'Allemagne, signé à Versailles le 28 juin 1919; à l'unanimité, votre Commission propose de la voter à votre tour.

*
* *

Votre Commission, afin d'assurer plus complètement l'unité de ses conclusions, a décidé qu'un seul rapport général serait soumis au Sénat. Mais chacune des parties du Traité a d'abord été étudiée séparément. Plusieurs de nos collègues se sont partagé cette tâche préliminaire.

La Partie I, Société des Nations, a été étudiée par M. DE LAS CASES;

Les Parties II et III, frontières d'Allemagne et clauses politiques européennes, par MM. DEVELLE, COUYBA et REYNALD;

La Partie IV, droits et intérêts allemands hors d'Europe, par M. Lucien HUBERT;

La Partie V, clauses militaires et navales, par MM. Paul DOUMER et l'amiral DE LA JAILLE;

La Partie VI, prisonniers et sépultures militaires, par M. Paul DOUMER;

La Partie VII, sanctions, par M. BIENVENU-MARTIN;

Les Parties VIII et IX, réparations et clauses financières, par MM. MILLIÈS-LACROIX et TOURON;

La Partie X, clauses économiques, par MM. Jean MOREL et GUÉRIN;

La Partie XII, ports, voies d'eau, et voies ferrées, par MM. NOEL et REYNALD;

La Partie XIII, travail, par M. Henry CHÉRON.

Votre Rapporteur général a largement profité de ces travaux; leurs auteurs trouveront ici de nombreux emprunts qu'ils ont bien voulu autoriser et le Sénat sera, j'en suis sûr, unanime, comme l'a été sa Commission des Affaires étrangères, à les remercier de la compétence et de l'autorité avec lesquelles ils ont motivé des jugements partiels sans lesquels le jugement général que nous avons le devoir de vous soumettre eût été vraiment impossible.

La Commission a hâté le plus possible le dépôt de son rapport; il y a urgence, pour la France, à se prononcer sans retard.

Aux termes de l'article 440 du Traité, la ratification par trois des Principales Puissances est nécessaire et suffisante pour que le Traité entre en vigueur. Il importe que la France soit au nombre des Puissances dont la volonté aura fixé définitivement le droit du monde. Elle a, d'ailleurs, un intérêt pratique de premier ordre à ce qu'il en soit ainsi.

Un grand nombre des articles du Traité ne peuvent être appliqués qu'à la suite d'une décision de la Société des Nations. Or, le Comité d'organisation de cette Société est déjà installé à Londres et a commencé ses travaux; il faut que la France y puisse tenir sa place, en vertu d'une décision de son Parlement.

Il y a enfin, au point de vue moral, un grand intérêt à ce que toute incertitude disparaisse. Il suffit de se rappeler comment, à l'enthousiasme qui s'était emparé de tous les esprits au lendemain de l'armistice, a succédé peu à peu, pendant les inévitables lenteurs des délibérations de la Conférence, un malaise croissant que nos ennemis ont trop souvent eu l'occasion d'exploiter.

L'établissement définitif de l'état de paix rendra à l'esprit public le calme et la confiance nécessaires, et permettra enfin la reprise de la vie normale de notre pays.

INTRODUCTION

A L'ÉTUDE DU TRAITÉ

Avons-nous besoin de dire dans quel esprit votre Commission a abordé et poursuivi l'étude du Traité de paix qui vous est soumis? Ecartant résolument toute autre pensée, elle n'a obéi qu'au sentiment supérieur qui, pendant la guerre, a animé la France tout entière.

Elle ne s'est posé que deux questions : Ce traité assure-t-il les droits de la France et assure-t-il la paix du monde? En d'autres termes, établit-il, non une paix semblable à toutes celles du passé, c'est-à-dire une paix incertaine et sans durée, ou bien, au contraire, la paix, la paix véritable, définitive, garantissant l'honneur et la sécurité de la Patrie et fondant le régime du droit dans l'humanité?

C'est une telle paix que veut la France, c'est la seule qui soit digne d'elle. Cette paix nous la devons, les Alliés et nous, à ces soldats sans égaux dans l'histoire, dont nous saluions, il y a quelques jours, les drapeaux sur la route du triomphe; nous la devons à tous ceux qui se sont sacrifiés pour assurer cette victoire et qui n'ont pas eu la joie de la connaître; nous la devons à ceux qui, pendant ces cinq années, ont souffert de mille souffrances dans nos provinces envahies et dévastées, à ceux qui pleurent leurs pertes inconsolables, aux innombrables orphelins qui ne sauront que plus tard la gloire du nom que leur ont légué leurs pères.

Et nous la devons aussi à tous ceux qui, dans le passé, ont travaillé à la grandeur de la France, ont souffert de ses désastres, ont eu la volonté de les réparer; à tous ceux, surtout, qui, depuis 1870, ont vécu dans le recueillement et dans l'espérance, dans le travail et dans l'attente et qui ont eu foi dans cette justice immanente, dont Gambetta, dans une parole prophétique, avait promis l'avènement.

Et parmi eux, au-dessus de tous, nous la devons à ces fils indomptés de l'Alsace et de la Lorraine qui, lorsque l'éclair de nos baïonnettes a illuminé la ligne bleue des Vosges, se sont levés, unanimement, dans un incomparable élan de ferveur et de vénération, pour saluer l'image de la France revenant enfin vers eux plus grande et plus belle encore, après avoir été tant attendue et tant pleurée.

Ce sont ces hautes pensées qui inspireront notre examen du Traité de paix; nous en écarterons tout esprit de parti. Les critiques et les éloges qui, au cours des négociations, n'ont pas manqué de se produire, et d'essayer leur influence sur les négociateurs, ont pu être trop souvent déterminés par des considérations de politique intérieure. Nous ne voulons pas connaître ici ce qu'on a appelé les opinions de combat.

Nous abordons notre étude, en toute conscience, avec cette sérénité d'esprit qui, suivant l'expression du Président de la Commission de la Chambre, s'impose à nous « alors qu'il s'agit pour la France d'apposer au bas de ce traité une signature qui a toujours équivalu à un serment ».

***

Pour juger le Traité au point de vue des intérêts et de l'honneur de la France, ne cherchons pas à comparer les avantages que telle ou telle des nations alliées compte retirer de la paix. Essayer de faire naître entre les nations qui ont, avec une égale loyauté, une inébranlable volonté commune, contribué à la victoire sans peser à chaque instant les sacrifices plus ou moins douloureux qui leur étaient demandés, c'est jeter, entre elles, comme une semence d'inquiétude, c'est risquer de compromettre dans l'avenir cette admirable solidarité, sans laquelle la victoire finale n'aurait pu être obtenue.

Pour maintenir la paix du monde, il faut maintenir l'indissoluble unité entre les Alliés; c'est ainsi qu'ils ont gagné la guerre, c'est ainsi seulement qu'ils gagneront la paix.

Lorsque certaines critiques s'élèvent contre telle ou telle partie du Traité, nous ne devons pas oublier que certaines concessions réciproques ont dû être faites à cette idée supérieure. Toute œuvre humaine, du reste, est imparfaite et tout grand traité international, alors qu'il s'agit surtout d'une convention qui règle le sort de presque tous les Etats de la terre, ne peut se concevoir et se conclure sans certains sacrifices, dont

la balance totale permet seule un équitable jugement.

La méthode la plus sûre, pour établir ce jugement, est d'abord de comparer la situation de la
France d'hier à celle de la France d'aujourd'hui.
Qu'était-elle en 1914 à la veille de la guerre? Que
va-t-elle être demain, après la victoire, et après
la paix?

Ce qu'elle est aujourd'hui, au point de vue
moral, dans l'estime et l'admiration du monde,
nous n'avons pas à nous le demander.

Qui oserait en douter, après avoir vécu, devant
l'Arc de Triomphe, la journée de notre 14 Juillet?

Dans la lumière radieuse de cette matinée où
tout un peuple n'avait qu'un seul cœur, ne nous
semblait-il pas que s'animait le groupe de Rude
et que la *Marseillaise*, entraînant après elle
l'âme des volontaires, prenait son vol au-dessus
de la marche triomphale de nos drapeaux, de nos
chefs et de nos soldats? La grandeur de la France
n'est jamais apparue plus souveraine que dans
ce défilé des armées, où, pour rendre hommage
à ces soldats de France qui avaient supporté le
poids le plus lourd, subi les plus grandes souffrances, et donné la mesure de l'héroïsme le plus
éclatant, les drapeaux de vingt peuples semblaient
s'être assemblés de tous les points du monde
pour faire cortège aux trois couleurs de notre
Nation.

Eh bien! le Traité donne-t-il à la France, dans
le monde de demain, la place que l'humanité
elle-même semble lui avoir assignée?

En cette année 1919, sa force est-elle plus

grande, sa sécurité est-elle mieux assurée qu'elle ne l'était il y a cinq ans?

Les risques d'une agression qui, pendant un demi-siècle, n'ont cessé de peser sur elle, ont-ils fait place à une sûreté définitive qui lui permettra de se livrer en toute confiance au développement de sa prospérité intérieure et au pacifique rayonnement de son génie?

Obtient-elle les restitutions pour lesquelles, au nom du droit violé, elle n'a cessé d'élever son invincible revendication?

Elle ne peut, hélas! songer à l'intégrale réparation de toutes les pertes qu'elle a subies; il en est qu'aucune force humaine ne peut lui rendre. Il est des deuils inconsolables, il est des souffrances que rien ne peut faire oublier : rien ne lui rendra ses morts, rien ne rendra à ses innombrables blessés et mutilés les forces qu'ils ont perdues; rien surtout ne pourra lui rendre ce que portait de promesses d'avenir cette ardente jeunesse qui, puisqu'elle renfermait tant de héros, comptait certainement toute une élite d'hommes de pensée et d'action, même peut-être d'hommes de génie, qui, tous, étaient prêts à conduire la Patrie sur les routes glorieuses d'un avenir digne de son passé.

Mais, au moins, tout ce qui est matériellement réparable sera-t-il réparé et l'Allemagne subira-t-elle les charges que lui imposent sa criminelle entreprise et ses procédés systématiques d'odieuses destructions?

En un mot, tout est-il prévu pour que soit déjoué l'abominable calcul qu'avait fait l'Allemagne, d'exterminer la race et de rendre stérile la terre de France, et tout est-il prévu pour que ses ressources soient, pendant le temps nécessaire, obligatoirement réservées à la remise en état de notre production et au légitime essor de notre prospérité?

Enfin les idées de justice et de droit, pour lesquelles nous avons combattu et qui font, elles aussi, partie du patrimoine national, sont-elles, par le Traité, et non pas pour nous seulement mais pour le monde, assurées de triompher dans l'avenir et de le préserver des retours de la force et de la barbarie?

**

La paix est un bienfait souhaité par tous les hommes, mais il n'y a pas de paix véritable si elle n'est fondée sur le Droit.

Le jour où fut signé l'armistice du 11 novembre 1918, sur tous les points du monde, une même pensée se formula dans tous les esprits : « Le Droit a triomphé. »

Quel Droit?

Celui que la France a conçu et défini depuis la Révolution de 1789, que n'a cessé de développer l'effort de la démocratie française, celui qu'ont enseigné ses philosophes, qu'ont chanté ses grands poètes, celui pour lequel ses armées combattaient déjà, il y a plus d'un siècle, sur les Alpes et sur le Rhin et pour lequel elles ont encore, depuis, livré tant de batailles..

C'est la doctrine qui proclame que les peuples ne sont pas des choses, qu'ils ont seuls le droit de disposer d'eux-mêmes. Il y a une nation quand il y a une âme commune entre les hommes d'une même terre, une volonté de persévérer dans la vie collective qu'ont vécue leurs pères et qu'ils entendent à leur tour léguer à leurs enfants.

Mais il n'appartient pas à des chefs d'Etat de se prétendre maîtres du sort de leur peuple, et d'interpréter à leur gré la volonté de la nation. Il faut que les nations soient pourvues d'institutions représentatives qui permettent de les considérer comme responsables elles-mêmes des actes de leur Gouvernement.

Quelle que soit la forme de ce Gouvernement, c'est à la nation elle-même, par sa représentation libre et souveraine, qu'appartient le dernier mot. Ce sont les peuples qui expient les fautes de leur histoire; à eux seuls il appartient de régler leur destinée.

Pour que l'indépendance et la sûreté de toutes les nations, petites ou grandes, mais égales en face du Droit, soient garanties contre toute violence, il faut encore que, chez chacune d'elles, dans sa Constitution et sa vie intérieure, la règle de liberté et d'égalité sous le droit soit déjà reconnue et pratiquée.

La liberté et la paix au dedans sont les conditions de la paix et de la liberté au dehors.

L'ordre, s'il est autre chose qu'une tyrannie, doit être l'expression vivante de la justice elle-même. Il n'y a d'ordre vrai entre les hommes que si leurs consciences à tous se sentent, se savent soumises également, uniquement, aux règles du Droit.

Le contrat, librement consenti et loyalement

exécuté, est la base de toute paix dans la Société des hommes; le respect des traités est la base de toute paix dans celle des Nations.

Si les peuples ont un droit égal de disposer d'eux-mêmes, ils ont un devoir égal à respecter la volonté des autres peuples et la disposition que ceux-ci entendent faire de leur destinée, et cette obligation s'étend à l'indépendance économique de chaque nation, liberté aussi nécessaire que la liberté politique.

Toute entreprise d'un Etat contre l'indépendance, politique ou économique, contre la souveraineté d'une Nation, créant un trouble dans l'ordre nécesaire du monde, est une violation du Droit.

S'il y a contestation entre deux Etats sur l'étendue de leurs droits, le principe général que nul ne peut se faire justice à soi-même est vrai entre les Nations comme dans la cité, entre les hommes.

Il doit y avoir une autorité impartiale, élevée au-dessus des contestants, une institution internationale chargée de dire où est le Droit et d'en assurer le respect.

L'obligation de résoudre par un règlement pacifique les conflits internationaux est la loi première de la Société humaine.

De même qu'à l'intérieur des Etats, l'organisation de la justice a contenu et réprimé dans une large mesure les puissances du mal, de même cette organisation contribuera à arrêter l'action des puissances du mal entre les nations. La force ne disparaîtra jamais du monde. Mais les forces des Etats peuvent, comme celles de la nature elle-même, être captées et disciplinées; au lieu d'être lancées les unes contre les autres, au hasard de tous les conflits, pour la destruction mutuelle, ne peut-on les associer pour le bien commun sous le joug de la justice ?

Il faut faire de la force la servante et la gardienne du Droit.

*
* *

Telles sont les idées qui ont, depuis la Révolution de 1789, malgré certains retours en arrière, presque toujours inspiré la politique de la démocratie française; c'est vers elles qu'aux Conférences de La Haye, elle a nettement orienté son action internationale; ce sont ces mêmes idées dont elle espère aujourd'hui que la Paix de 1919 assurera enfin la réalisation.

C'est bien le même droit des nations qu'avait en vue M. le Président Wilson, lorsqu'il adressait aux Etats belligérants le message historique du 8 janvier 1918 et auquel une adhésion unanime fut donnée par les Alliés et enfin par les Empires centraux eux-mêmes à l'heure de l'armistice. Reportons-nous aux quatorze propositions du message. Si l'on en dégage les dispositions spéciales qui s'appliquent à l'avance à la situation de tel ou tel des Etats, voici les principes essentiels qu'elles offrent à l'acceptation du monde.

Il faut que le sort de chacune des nations engagées dans la guerre, les limites de leurs territoires, les conditions de leur indépendance, soient fixées sur la base du libre consentement des peuples eux-mêmes; il faut que la paix soit conclue au grand jour et que les traités secrets soient définitivement abolis et interdits; il faut que la liberté des mers soit assurée; il faut que la liberté des transactions commerciales soit également garantie à toutes les nations; il faut que les armements soient réduits à la limite strictement exigée par la sécurité intérieure.

Il faut que dans les revendications coloniales, les intérêts des populations en jeu pèsent d'un même poids que les revendications équitables des Gouvernements.

Enfin, si ces principes de droit sont reconnus dans le traité de paix imposé par les nations victorieuses, il faut qu'une organisation internationale, une Société des Nations, soit instituée pour assurer l'application de ces principes et en garantir à jamais le respect et le développement.

On voit que, sur les principes généraux du droit nouveau comme sur les règles essentielles de ses applications, il y avait plein accord entre les propositions concrètes du Président des Etats-Unis d'Amérique et cette doctrine française dont nous avons retracé les grandes lignes.

Le Traité du 28 juin nous apporte-t-il la réalisation de l'idéal entrevu?

LE TRAITÉ

CHAPITRE PREMIER

LES SANCTIONS DU PASSÉ

Partie VII, articles 227 a 230 du traité

Le Traité du 28 juin 1919 diffère de tout autre traité de l'Histoire. Non seulement il porte la signature de toutes les grandes Puissances des deux continents et a pour objet de régler le sort de la presque totalité des Etats du globe, mais il se propose de fixer le sort de ces Etats suivant des règles inconnues jusqu'ici dans l'Histoire. Il ne se propose pas de constater les effets de la victoire et d'assujettir les vaincus à la loi des vainqueurs, il a pour objet de donner aux uns et aux autres ce que la justice et le droit leur auront assigné, afin que, dans toute la mesure où le permet la fragilité des volontés humaines, la trace disparaisse des innombrables servitudes auxquelles le règne perpétuel de la force a assujetti le monde. Et c'est pour cela qu'en sa première page, il a inscrit le Pacte de la Société des Nations.

Mais puisque le Traité du 28 juin a pour objet essentiel l'établissement de la justice, il faut qu'il en donne au monde une preuve éclatante en prononçant, contre ceux qui en ont violé toutes les lois, la condamnation solennelle qu'ont méritée leurs crimes. Dans tout acte de justice, il y a la réparation du mal fait à la victime et la peine infligée à l'auteur du mal. La partie VII du traité, visant le passé, a pour objet d'édicter les règles du châtiment. La partie I organise pour l'avenir la justice internationale. C'est par ces deux parties exceptionnelles que nous croyons devoir commencer l'analyse de la convention.

*
* *

Le Traité de paix relève, à la charge de l'Allemagne, deux ordres distincts de faits criminels devant entraîner des sanctions. Ces faits sont visés dans les articles 227 à 230 de la partie VII et dans l'article 231 de la partie VIII de la convention.

L'Allemagne, d'abord, est déclarée responsable de la guerre, et l'empereur, chef suprême du Gouvernement et de l'armée, est considéré comme le principal auteur de l'agression. L'article 231 constate que l'Allemagne a reconnu elle-même « qu'elle et ses alliés sont responsables, pour les avoir causés, de tous les frais et de tous les dommages subis par les nations alliées et associées, en conséquence *de la guerre qui leur a été imposée par l'agression de l'Allemagne et de ses alliés.* »

L'Allemagne a nié tout d'abord cette responsabilité. On se rappelle les mensonges par lesquels elle a essayé de rejeter sur la Russie et sur la France la charge de l'agression. On se rappelle notamment les dépêches fabriquées par elle-

même, en août 1914, sur les prétendus bombardements par avions de Wesel et de Nuremberg,
méthode bien connue, méthode de la falsification
de la dépêche d'Ems, qui avait réussi à Bismarck
en 1870, mais que, cette fois, Berlin n'a pu soutenir.

L'Allemagne a voulu et prémédité la guerre.
Nous ne reprendrons pas ici cette longue histoire
que, dans son rapport à la Chambre des Députés,
M. Barthou a retracée avec toute la clarté nécessaire.

A cette responsabilité initiale, qui pèse à la fois
sur le souverain allemand et sur l'Allemagne tout
entière, se rattache, aux termes de l'article 227, le
crime personnel de Guillaume de Hohenzollern,
mis en accusation publique par les puissances
alliées et associées pour « offense suprême contre
la morale internationale et l'autorité sacrée des
traités. »

Guillaume II est, aux yeux des signataires du
traité et, par conséquent, aux yeux des Allemands
eux-mêmes, le principal, sinon l'unique auteur
du coup de force qui a ensanglanté le monde et
fait périr vingt millions d'hommes.

C'est lui qui, le 1er août, a déclaré la guerre
à la Russie, sous le prétexte d'une mobilisation
qui n'était qu'une mesure de précaution prise
contre l'Autriche, alors que, depuis dix jours,
l'Allemagne avait préludé à la sienne en procla-
mant le *Kriegsgefahrzustand*. C'est lui qui, le
3 août, a déclaré la guerre à la France en invoquant de prétendues violations de la frontière,
alors que le Gouvernement de M. Viviani avait
prescrit le retrait des troupes françaises à 10 ki-

lomètres de la frontière allemande afin d'éviter toute occasion possible de conflit.

La responsabilité de l'agression de l'Allemagne pèse donc tout entière sur le chef de guerre, maître absolu du Gouvernement et seul investi par la Constitution de l'Empire du droit d'ouvrir les hostilités.

Mais l'accusation portée contre lui vise expressément d'autres objets. Il est l'auteur responsable de la violation de la neutralité de la Belgique. Il en est deux fois coupable puisque, par le traité de 1839 portant la signature de la Prusse, il était lui-même tenu de garantir et de défendre cette neutralité. Son Gouvernement n'a d'ailleurs pas reculé devant l'aveu cynique de cette violation du droit. L'Histoire a marqué d'une flétrissure éternelle les déclarations faites sur ce point au Reichstag, le 4 août 1914, par le chancelier de Bethmann-Holweg.

Il est enfin responsable, au même titre, des actes commis au cours de la guerre par ses troupes, en violation des prescriptions de la Convention de La Haye sur les lois et règles de la guerre, convention signée par l'Allemagne et dont aucune disposition n'a jamais été respectée par ses armées.

Nous n'énumérerons pas ici les crimes de toutes sortes commis par les troupes allemandes, non seulement contrairement aux conventions internationales, mais contrairement à toutes les lois de droit commun, à toutes les lois humaines : massacres et déportations de civils, mise à mort d'otages, viols, pillages, destruction des propriétés publiques et privées sans aucune raison militaire, confiscations, contributions illicites, empoisonnement des puits, emploi de gaz toxiques, incendie de villes ouvertes et de villages, bombardement d'ambulances, et sur mer, pratique odieuse de la guerre sous-marine poursuivie jusqu'au bout avec une continuelle et toujours croissante férocité. L'énumération de tous ces crimes a été donnée par la Conférence de la Paix elle-même [1]. C'est une liste sinistre : l'humanité n'a rien connu de semblable en dehors des invasions des barbares ou des guerres d'extermination de l'Antiquité.

Et le Traité de paix considère, à juste titre, que c'est d'abord au chef suprême de l'armée que doit être demandé compte de toutes ces atrocités.

Il s'agit, en effet, d'un *système*, prévu, voulu, organisé. C'est le système *de la guerre par la terreur*, préconisé d'ailleurs depuis longtemps par les théoriciens militaires de l'Allemagne, adopté par son grand état-major, ordonné par le chef suprême. Rien ne peut lui permettre d'en décliner la responsabilité.

C'est devant un tribunal spécial, dont l'organisation est prévue par l'article 227 du Traité, que Guillaume de Hohenzollern devra comparaître.

Les articles 228 à 230 visent, en dehors de la personne de l'empereur, les chefs militaires de

1. Voir cette liste, annexe V.

tous grades pouvant être convaincus d'avoir personnellement commis ou fait commettre des actes contraires aux conventions internationales et aux lois de l'humanité. Il est inutile de reprendre l'énumération de ces crimes. Le traité en autorise la recherche et la poursuite, et l'Allemagne s'est engagée à livrer les coupables à toute réquisition des tribunaux compétents.

*
* *

Il est nécessaire que s'ouvrent sans retard les assises de cette cause, la plus grave qui ait jamais été soumise au jugement des hommes. L'intérêt de la vérité et de la morale exige la discussion publique des crimes commis. Les Allemands nient leurs crimes comme ils nient leurs défaites. Il faut que nulle conscience humaine ne puisse douter de la vérité des accusations. Quant au châtiment, il est aussi nécessaire, pour que, dans l'avenir, nul chef d'Etat, nul chef militaire ne puisse entreprendre de nouvelles tentatives criminelles et en espérer l'impunité.

CHAPITRE II

LA SOCIÉTÉ DES NATIONS

PARTIE I, ARTICLES 1 A 26 DU TRAITÉ

Dans leur réponse aux remarques allemandes, les auteurs du traité de paix ont tenu à faire la déclaration suivante :

« Le Pacte de la Société des Nations constitue, pour les Puissances alliées et associées, la base du traité de paix. Elles en ont avec soin pesé tous les termes; elles ont la conviction qu'il apporte dans les relations des peuples, au service de la justice et de la paix, un élément de progrès que l'avenir confirmera et développera. »

Les plénipotentiaires établissaient ainsi que, vainqueurs, ils n'imposeraient qu'une paix de droit et de justice. Les nations qu'ils représentaient avaient pris les armes à la fois pour défendre leur Patrie et pour sauver la liberté des peuples, réduire à l'impuissance les nations de proie et rendre au monde le droit de vivre dans le travail et dans la paix. C'était bien là le vœu de nos soldats héroïques, qui, pendant plus de quatre années, avaient supporté toutes les souffrances, affronté tous les dangers, et trop souvent, hélas! accepté la mort pour épargner à leurs enfants les mêmes misères; il fallait que cette voix des héros fût entendue et ce vœu des morts réalisé.

En inscrivant les vingt-six articles du Pacte de la Société des Nations en tête du traité de paix, les nations alliées et associées ont voulu affirmer ces vérités.

I

Pour étudier ce Pacte avec méthode, nous en examinerons successivement les parties dans l'ordre suivant :

a) Les principes;

b) La composition et les organes de la Société;

c) Les mesures prises pour assurer le maintien de la paix;

d) Les garanties données par la Société aux peuples de race inférieure ou de civilisation encore insuffisamment développée;

e) L'organisation de la coopération internationale au point de vue social et au point de vue économique.

*
**

a) Le Pacte débute par une déclaration de principes ainsi conçue :

« Les Hautes Parties contractantes,

« Considérant que, pour développer la coopération entre les nations et pour leur garantir la
paix et la sûreté, il importe d'accepter certaines
obligations de ne pas recourir à la guerre;

« D'entretenir au grand jour des relations internationales fondées sur la justice et l'honneur;

« D'observer rigoureusement les prescriptions
du droit international, reconnues désormais
comme règle de conduite effective des gouvernements, de faire régner la justice et de respecter
scrupuleusement toutes les obligations des traités dans les rapports mutuels des peuples orga-
nisés;

« Adoptent le présent Pacte qui institue la Société des Nations. »

Il faut ajouter à cet exposé de principes l'article 10, qui proclame la solidarité des Etats :

« Les membres de la Société s'engagent à respecter et à maintenir contre toute agression extérieure l'intégrité territoriale et l'indépendance
politique présente de tous les membres de la Société. »

b) *Quels sont donc les membres de cette Société, quels en sont les organes?*

En font d'ores et déjà partie, à l'exclusion de
l'Allemagne, les signataires du traité de paix.

Sont invités à adhérer au Pacte, les Etats neutres, au nombre de 13.

Enfin, le Pacte indique que la Société est ouverte « à tout Etat, dominion ou colonie qui se
gouverne librement, si son admission est prononcée par les deux tiers de l'Assemblée, pourvu
qu'il donne des garanties effectives de son inten-

tion sincère d'observer les engagements internationaux et qu'il accepte le règlement établi par la Société en ce qui concerne ses forces et ses armements militaires, navals et aérien ».

Les membres de la Société peuvent en sortir après un préavis de deux ans, à la condition d'avoir rempli à ce moment toutes leurs obligations internationales.

S'il est apporté des amendements aux statuts qui règlent la Société, qu'un des membres ne peut ou ne veut accepter, il a le droit de se retirer (art. 26).

Enfin, peut être exclu de la Société tout membre qui s'est rendu coupable de la violation des engagements résultant du Pacte. L'exclusion doit être prononcée par tous les autres membres représentés au conseil (art. 16).

La Société ainsi composée forme un organisme vivant : elle est donc bien une Société et non une simple Ligue. Elle est douée en réalité de certains pouvoirs, politique, judiciaire et exécutif. On s'est demandé si elle exerçait sur les Etats un pouvoir de souveraineté. En réalité, elle exercera, dès le premier jour, une véritable souveraineté morale, mais elle n'a pas prétendu à la souveraineté politique et a, sauf sur certaines questions, laissé les décisions définitives aux pouvoirs publics de chacune des nations associées.

Ses organes sont l'Assemblée, le Conseil, le Secrétariat permanent, les Cours d'arbitrage, la Cour permanente de justice internationale, les Bureaux internationaux.

L'Assemblée est formée par l'ensemble des Etats adhérents; chacun n'y dispose que d'une

voix, quelle que soit son importance, mais peut
s'y faire représenter par trois délégués. Cette Assemblée se réunit périodiquement et toutes les
fois que les circonstances le demandent. Les décisions y sont prises à l'unanimité sauf dispositions contraires du Pacte ou du Traité.

Le Conseil est l'organe directeur de la Société;
il est formé actuellement de neuf membres; cinq
d'entre eux représentent les grandes Puissances
alliées et associées; quatre autres représentent
quatre Etats choisis par l'Assemblée elle-même.
Celle-ci aura, du reste, le droit d'augmenter le
nombre des membres du Conseil, membres permanents ou membres temporaires. Le Conseil se
réunit au moins une fois par an, et toutes les
fois que les circonstances l'y obligent; il prend
également ses décisions à l'unanimité, à moins
de dispositions contraires du Pacte ou du Traité.

Le Secrétariat général maintient la permanence
de l'action de la Société. Le premier secrétaire
général a été nommé par le Pacte, il appartient à
la nationalité anglaise. Plus tard, le secrétaire
général sera choisi par le Conseil avec approbation de la majorité de l'Assemblée; il a sa rési-
dence au siège de la Société, établi, par le Pacte,
à Genève.

L'organisme judiciaire de la Société est repré-
senté :

1° Par des *cours d'arbitrage* librement choisies
par les parties; les articles du Pacte sont, par une
singulière omission contre laquelle se sont, plusieurs fois, élevés les représentants de la France,
muets sur le rôle de la Cour permanente d'arbi-

trage de La Haye, mais il a été formellement entendu que celle-ci subsiste et que les États pourront continuer à s'y adresser;

2° Par une *Cour permanente de justice*, dont le Pacte ordonne la création.

c) Mesures prises pour assurer le maintien de la paix.

Toute guerre ou menace de guerre, qu'elle affecte directement ou non l'un des membres de 'a Société, intéresse la Société tout entière et celle-ci doit prendre les mesures propres à sauvegarder efficacement la paix des nations (art. 11).

Elle a droit de regard sur tous les traités internationaux présents ou à venir; elle peut indiquer les modifications que le temps peut rendre nécessaires ou utiles, cela en vue de prévenir les difficultés et les causes de conflit.

Elle proclame à l'article 8 que « le maintien de la paix exige la réduction des armements nationaux au minimum compatible avec la sécurité nationale et avec l'exécution des obligations internationales imposées pour une action commune ». Mais si le Conseil doit préparer les plans de cette réduction, chaque Gouvernement reste, en somme, libre de sa décision.

S'il s'élève un différend entre les membres de la Société susceptible d'entraîner une rupture, ils doivent le soumettre soit à la procédure de l'arbitrage, soit à l'examen du Conseil. La sentence doit être rendue dans les six mois.

Jamais il ne sera possible aux parties de recourir à la guerre avant l'expiration d'un délai de trois mois après la sentence des arbitres ou le rapport du Conseil. L'arbitrage est conseillé, mais non imposé, toutes les fois que les difficultés présentent un caractère juridique. Mais les parties restent toujours libres de choisir, quel que soit le caractère du conflit, la Cour permanente de justice internationale, des arbitres ou le Conseil.

Les membres de la Société s'engagent à exécuter de bonne foi les arrêts de la Cour et les sentences des arbitres et à ne pas recourir à la guerre contre tout membre de la Société qui s'y conformera.

En ce qui concerne les décisions du Conseil, elles doivent, pour s'imposer aux parties, être prises à l'unanimité. Celles-ci s'engagent alors à les exécuter de bonne foi et, comme pour les arrêts et les sentences, à ne pas recourir à la guerre contre tout membre de la Société qui s'y conforme.

L'article 16 fixe les mesures répressives. Si un membre de la Société recourt à la guerre « contrairement aux engagements pris dans les articles 12, 13 et 15, il est, *ipso facto*, considéré comme ayant commis un acte de guerre contre les autres membres de la Société ».

Trois sortes de sanctions sont alors prévues, d'ordre diplomatique, économique et militaire.

Les deux premières seules s'imposent obligatoirement aux membres de la Société, qui s'engagent à interdire tous rapports entre leurs nationaux et l'Etat en rupture de pacte, à cesser toutes communications financières, commerciales ou personnelles avec les nationaux de l'Etat recourant à la guerre. C'est le blocus avec toutes ses conséquences.

Quant aux sanctions militaires, elles ne sont l'objet que d'une *recommandation*.

« Le Conseil, dit l'article 16, a le devoir de recommander aux divers Gouvernements intéressés les effectifs militaires ou navals par lesquels les membres de la Société contribueront respectivement aux forces armées destinées à faire respecter les engagements de la Société. »

Les membres de la Société doivent prendre les dispositions nécessaires « pour faciliter le passage à travers leur territoire des forces de tout membre de la Société qui participe à une action commune pour faire respecter les engagements de la Société ». Ce qui suppose, par conséquent, la disparition de toute neutralité permanente, au moins dans cette mesure, la participation militaire n'étant pas obligatoire.

d) Garanties données par la Société aux peuples de race inférieure ou d'une civilisation insuffisamment développée.

La Société des Nations veut limiter le droit de la force sur les peuples dits primitifs. Pour empêcher la domination absolue des forts sur les faibles, elle assimile ceux-ci à des mineurs et les prend sous sa tutelle.

Cette tutelle sera confiée par elle aux nations les plus développées, qui l'exerceront en qualité de mandataires au nom de la Société. Cette tutelle variera selon le développement de ces peuples mineurs. Mais le mandataire est responsable devant la Société du bien-être et du développement de ces peuples; il doit s'engager à prohiber tous actes tels que la traite des esclaves, le trafic des armes, celui de l'alcool; il doit garantir la liberté de conscience.

La Société, nous l'avons dit, a, sur certains points déterminés, des pouvoirs exceptionnellement étendus. Elle n'y est point souveraine, mais elle y exerce, en fait et temporairement, les pouvoirs du souverain. C'est ainsi qu'elle a la charge du gouvernement de la Sarre, du protectorat de la ville de Dantzig, et qu'elle doit veiller, dans quelques territoires contestés,à l'organisation des plébiscites qui permettront aux populations de décider de leur avenir.

e) Organisation de la coopération internationale au point de vue social et économique.

Elargissant encore son rôle, la Société des Nations fait rentrer dans sa mission les mesures internationales d'assistance et d'hygiène et l'organisation du travail.

Enfin, elle impose à tous les Etats des règles de liberté et d'équité en vue du développement économique du monde; elle réserve expressément le régime spécial qu'exige le relèvement des régions dévastées par la guerre de 1914-1918.

Nous aurons, dans l'examen des différentes parties du traité, l'occasion de montrer l'importance des règles établies pour l'ensemble du régime économique et social.

II

Telles sont les dispositions les plus importantes du Pacte du 28 avril 1919. Sans vouloir entrer dans la critique détaillée de chacune d'elles, il nous suffira de montrer quels sont les points sur lesquels des amendements nous apparaissent le plus nécessaires, et nous pourrons le faire d'autant plus utilement que l'article 26 du Pacte prévoit la procédure d'amendement.

Il est une question générale qui domine toutes les autres et dont la solution, telle qu'elle a été adoptée par les Alliés, explique et motive toutes les clauses essentielles du Pacte.

La souveraineté des États

C'est la question de la souveraineté des Etats. Nous y avons déjà fait allusion. Le Pacte — sauf quelques cas très limités — a écarté toute décision qui puisse être interprétée comme un empiétement de souveraineté. Mais la notion de souveraineté d'un Etat n'est —pas plus que celle de la liberté de l'homme — une notion absolue; la souveraineté des uns est limitée par la souveraineté des autres, et quand un contrat se forme entre deux Etats comme entre deux hommes, pour un objet déterminé, ce contrat suppose des concessions mutuelles, une limitation librement acceptée des actes de chacun, et l'obligation ainsi consentie n'est nullement l'abandon mais l'exercice réfléchi, calculé, de la liberté lorsqu'il s'agit de conventions privées, de la souveraineté lorsqu'il s'agit de traités internationaux.

La condition unique est que le consentement ait été libre et la limitation nettement fixée.

Le préambule

Une autre observation de principe a été faite
au sujet de la rédaction du préambule du Pacte
que nous avons cité plus haut; il eût été désirable que le droit des peuples à disposer d'eux-
mêmes, qui est un des objets principaux du
traité, fût expressément proclamé dans le préambule.

Enfin, l'interdiction absolue de recourir à la
guerre n'est point inscrite en tête du Pacte et ne
se retrouve pas d'ailleurs, on l'a vu, dans la rédaction de ses articles. Nous ne doutons pas que,
plus confiante en elle-même, plus assurée de ses
intentions et de ses forces, la Société des Nations
n'arrive prochainement à s'élever jusqu'à cette
résolution. La France ne manquera pas d'en poursuivre de tous ses efforts la définitive affirmation.

Caractère démocratique des organes de la Société

Certains critiques ont signalé ce qu'ils appel-
lent le caractère peu démocratique des organes
de la Société des Nations. Elle est, dit-on, une
Société non de peuples, mais de Gouvernements.

Cette critique est peut-être trop absolue.

Certes, le Pacte n'indique pas comment devront être nommés les représentants des nations
à l'Assemblée et au Conseil.

Mais les représentants de chaque nation à l'Assemblée seront au nombre de trois; ils pourront
donc être d'origines et d'opinions diverses, et

M. Wilson, dans son discours à la séance plénière du 14 février, a eu soin de dire : « Quand nous en vînmes à la question du mode de représentation dans le corps des délégués, nous fûmes tous conscients du sentiment dont est pénétré l'univers... », nous eûmes « la conviction que, si le corps délibérant de la Société n'était rien d'autre qu'un corps d'officiels représentant les différents Gouvernements, les peuples ne seraient pas sûrs que certaines erreurs que ces officiels n'ont pas toujours su éviter ne se répéteraient pas ».

Les Etats groupés dans la Société des Nations doivent tous être des Etats démocratiques, jouissant d'institutions représentatives qui y assurent la souveraineté de l'opinion nationale. Les peuples sauront bien, par l'intermédiaire de leurs Parlements, orienter dans le sens de la volonté nationale le choix des Gouvernements.

La guerre n'est pas interdite

Mais pour nous, les véritables réserves à faire sur les dispositions du Pacte touchent à la question fondamentale du risque des retours de la guerre. La guerre, en droit, n'est pas interdite; en fait, les mesures sont insuffisantes pour en empêcher le déchaînement.

Nous avons vu que dans son préambule le Pacte n'a pas inscrit l'interdiction du recours à la guerre; aucune de ses dispositions ne l'interdit d'une façon générale et définitive; certains articles l'admettent même comme parfaitement légitime,

dans des cas déterminés, et là même où l'interdiction est prononcée, le Pacte n'impose pas la seule
sanction efficace : la sanction militaire de la
force internationale.

Quand un Etat aura suivi la procédure obligatoire et se sera soumis à tous les délais, il pourra
procéder militairement contre l'Etat avec lequel
il est en conflit. (Art 12.)

Lorsqu'il s'agit de différends soumis au Conseil, l'interdiction du recours aux armes n'existe
que si le Conseil est unanime. (Art. 15.)

Dans tous les cas où il n'y a qu'une majorité
même considérable, le Pacte ne joue plus, chaque Etat reprend sa liberté et peut individuellement aider par les armes l'Etat ou les Etats qu'il
entend soutenir. Même dans le cas où l'interdiction du recours aux armes est proclamée, la
sanction militaire n'est pas obligatoire, elle n'est
que recommandée. (Art. 16.)

Le contrôle des armements

Mais, quelles que soient ces lacunes, elles
pourraient être presque sans dangers *si la force
militaire manquait aux belligérants.*

La limitation effective des armements des nations et la création d'une force internationale
sont, en fait, les conditions suprêmes de la paix.
Il faut enlever aux Etats qui seront tentés de violer le droit et la paix les moyens de persévérer
dans leurs projets, d'en espérer le succès.

Ce fut là l'objet des amendements français : limitation obligatoire des armements, création

d'un organisme de coordination et de préparation de l'action internationale [1].

La France n'a pas obtenu gain de cause à la Conférence de la paix, mais notre Président du Conseil l'a affirmé avec la plus grande force, le Gouvernement français n'est pas disposé à renoncer à nos amendements et il les soutiendra devant le premier Conseil de la Société des Nations.

Nous espérons bien que nous ne serons seuls à les soutenir ni au Conseil, ni à l'Assemblée.

Représentation des colonies

Nous espérons aussi que, de même que l'Angleterre a obtenu la représentation, à l'Assemblée, de ses dominions et de ses colonies, nous obtiendrons le même droit. Nos colonies n'étaient pas, comme les dominions, représentées à la Conférence; elles n'y avaient aucune voix. La France obtiendra, nous n'en doutons pas, dans l'Assem-

---

1. Amendement à l'article 8 du Pacte, dernier paragraphe :

« Les Hautes Parties contractantes, résolues à se donner franche et pleine connaissance mutuelle de l'échelle de leurs armements et de leurs programmes militaires et navals, ainsi que des conditions de leurs industries susceptibles de s'adapter à la guerre, institueront une commission chargée des constatations nécessaires. »

Amendement à l'article 9 du Pacte :

« Un organisme permanent sera institué, sous l'autorité du Conseil exécutif, pour prévoir et préparer en temps utile les mesures militaires, navales et autres, propres à assurer l'exécution des obligations que la présente convention impose aux Hautes Parties Contractantes et pour en assurer l'efficacité immédiate dans tous les cas d'urgence. »

blée des Nations, la représentation totale à laquelle elle a légitimement droit.

***

Nous n'avons rien dissimulé des lacunes du Pacte du 28 avril, mais, malgré ces défauts, le chapitre 1ᵉʳ du traité de paix doit être considéré comme une victoire réelle de l'idée de justice dans l'humanité.

Par l'article 10 du Pacte, les Etats signataires s'engagent à respecter et à préserver contre toute agression extérieure l'intégrité territoriale et l'indépendance politique de tous les membres de la Société. La solidarité des nations civilisées, affirmée comme un devoir nécessaire par le préambule des Conventions de La Haye, est formellement acceptée et les règles essentielles en sont établies.

Pour la première fois, dans un document diplomatique, — et celui-ci est signé par toutes les grandes nations libres, — l'engagement solennel est pris de faire désormais régner le droit dans les rapports entre les nations. Si l'arbitrage n'y est pas encore déclaré obligatoire, nul, en fait, ne pourra, sans violation du Pacte, se soustraire à l'examen public et équitable de ses prétentions.

Si la guerre n'est pas encore formellement interdite, des mesures préventives sont prises qui en ajourneront les risques et souvent la rendront impossible. Les redoutables sanctions économiques qui, aux termes de l'article 16, frappent tout Etat qui voudrait tenter la guerre en dehors des conditions imposées par le Pacte, seront, dans la plupart des cas, décisives.

Enfin, l'ensemble des organisations créées pour développer la vie internationale et resserrer l'interdépendance de tous les membres de la société civilisée, contribueront grandement au développement de la conscience commune et à la souveraineté du droit.

Si une telle Société des Nations avait existé en 1914, si le débat entre l'Autriche et la Serbie avait été obligatoirement porté devant l'opinion publique, nous pouvons affirmer que la guerre n'aurait pas eu lieu. Une Société des Nations est créée; elle est encore faible et imparfaite, mais elle porte en elle les sources d'un développement infini. La France saura veiller sur elle, la défendre, la guider dans la voie désormais ouverte où s'accomplira sa haute destinée.

CHAPITRE III

CLAUSES TERRITORIALES ET POLITIQUES
(Europe)

Parties II et III, articles 27 a 117 du traité

Le droit des peuples à disposer d'eux-mêmes est le principe essentiel du droit nouveau. Les Alliés l'ont eu constamment en vue dans la rédaction du traité de paix.

Depuis le milieu du dix-huitème siècle, au cours d'une série de guerres d'ambition et de conquête, l'Europe a été bouleversée par la force. En 1772, le partage de la Pologne; en 1815, le morcellement de l'Italie; en 1864, l'invasion des duchés; en 1870, le rapt de l'Alsace-Lorraine, ont créé sur la surface de l'Europe des zones de servitude et des foyers, qui jamais ne se sont éteints, de protestation et de révolte.

L'Italie, avec l'aide de la France, avait pu, elle, après 1859, reconquérir la plus grande partie de son patrimoine national, mais en 1914, Trente et Trieste étaient encore séparées d'elle; la Pologne semblait morte, le Danemark restait morcelé. Quant à l'Alsace, elle attendait, toujours indomptée, l'heure de la justice immanente. D'autre part, au cours du dix-neuvième siècle, un certain nombre de nationalités, au centre de l'Europe comme dans l'Europe orientale, avaient pris conscience d'elles-mêmes, et, à des degrés divers, conquis une partie de leur indépendance. Elles étaient loin, cependant, d'avoir obtenu la délivrance d'une grande partie de leurs frères. Ainsi, toute la carte de l'Europe s'offrait au travail des négociateurs, pour qu'aux frontières arbitraires et tyranniques fussent substituées des limites naturelles, conformes aux vœux des populations et conformes au droit.

Mais, s'il était facile de poser le principe, on rencontrait nécessairement, dans l'application, de nombreuses difficultés. Au cours des siècles, les divers éléments ethniques s'étaient constamment mêlés et, dans bien des cas, il était presque impossible de tracer immédiatement les frontières des nouveaux Etats. Il fallait également tenir compte des conditions économiques vitales pour les jeunes nations; en particulier, il était nécessaire, comme l'avait du reste déclaré le président Wilson, d'obtenir, pour elles, un libre accès à la mer.

Aussi, sauf en ce qui concerne l'Alsace et la Lorraine, pour lesquelles il suffisait de proclamer l'abolition du traité de Francfort, le Traité, qu'il s'agît des frontières de la Belgique, du Luxembourg, du Schleswig, de la Pologne, de la Tchéco-Slovaquie [1], toutes les fois qu'un doute pouvait

---

1. Nous ne parlons pas des problèmes touchant les Yougo-Slaves, les Roumains, etc., dont la solution dépend d'autres traités.

exister sur le caractère ethnique et sur les aspira·
tions véritables des populations, a-t-il laissé à
celles-ci le soin de décider de leur sort.Un plébiscite entouré des garanties les plus sérieuses leur
permettra de faire connaître en toute liberté leur
volonté. Dans cette organisation du plébiscite,
comme dans l'administration des régions, qui,
pour des raisons particulières (Dantzig, bassin de
la Sarre), doivent recevoir un statut particulier
quelle que soit la nationalité de la majorité des
populations, les plénipotentiaires furent puissamment aidés par l'existence virtuelle de la Société
des Nations. Celle-ci, seule, aura, en effet, l'autorité suffisante pour trancher les contestations et
pour garantir à chacun l'exercice de son droit.

Nous examinerons successivement les clauses
relatives à l'Alsace-Lorraine, au bassin de la Sarre, aux frontières de Belgique, du Luxembourg,
au Schleswig,et,enfin,à la Pologne et à la Tchéco-
Slovaquie. Quant au régime de la rive gauche du
Rhin, nous l'étudierons particulièrement dans le
chapitre consacré à l'examen des garanties.

I

Alsace-Lorraine. (Art. 5o à 79 et annexe).

Les Hautes Parties contractantes ont tenu à
proclamer tout d'abord l'obligation morale de réparer le tort fait par l'Allemagne en 1871 tant au
droit de la France qu'à la volonté des populations d'Alsace et de Lorraine, séparées de leur patrie malgré les protestations solennelles de leurs
représentants à Bordeaux.

De cette déclaration découlent l'esprit et la lettre des clauses relatives à l'Alsace-Lorraine.

Elle est restituée, telle qu'elle était en 1870, avec les mêmes frontières, et tous documents, titres, archives aux mains du Gouvernement allemand seront remis sans délai.

L'Allemagne accepte les règles édictées pour les nationalités et la distinction faite entre les Alsaciens-Lorrains de race et les immigrés allemands, ceux-ci soumis, s'ils veulent acquérir la nationalité française, à des conditions précises, ceux-là recouvrant de plein droit leur nationalité; une catégorie intermédiaire est admise à la réclamer dans le délai d'une année à dater de la mise en vigueur du traité.

Les territoires de l'Alsace-Lorraine font retour à la France, francs et quittes de toutes dettes publiques; la France entre en possession de tous biens et propriétés de l'Empire, des Etats allemands ou de la Couronne, y compris les biens personnels des souverains allemands. Elle percevra tous les impôts ou taxes non recouvrés au jour de l'armistice.

Les Alsaciens-Lorrains reçoivent toutes garanties pour leurs biens en Allemagne. L'Allemagne s'engage à rembourser à l'Alsace-Lorraine les dépenses exceptionnelles auxquelles celle-ci a été obligée pendant la guerre, pour le compte de l'Empire, au-dessus de sa participation normale aux dépenses dudit Empire; elle devra supporter la charge des pensions civiles ou militaires acquises à la date de l'armistice et dont le service incombait au budget de l'Empire, et en acquitter le payement en francs; elle devra rembourser les dommages causés à la population sous forme d'amendes.

Les ports de Kehl et de Strasbourg seront réunis pour une période de sept années, susceptible d'une prolongation de trois années, sous une même direction française. Il sera créé dans les deux ports des zones franches et l'égalité de traitement est garantie, au point de vue du trafic, aux nationaux, bateaux et marchandises de toutes nationalités. Pendant cette période, les deux ports ne formeront qu'un même organisme en vue d'une exploitation unique; la direction sera nommée par la Commission centrale du Rhin, et, en attendant sa constitution, par les Principales Puissances alliées ou associées. En fait, la France a déjà nommé une même direction pour les deux ports.

Le Gouvernement français est subrogé dans tous les droits de l'Empire allemand sur tous les chemins de fer et concessions de chemins de fer ou de tramways sur le territoire d'Alsace-Lorraine, et ce, sans avoir à effectuer aucun payement en retour.

Pendant cinq années, les produits naturels ou fabriqués, originaires ou en provenance de l Alsace-Lorraine, entreront en franchise en Allemagne; il en sera de même des produits textiles venus d'Allemagne pour recevoir en Alsace-Lorraine un finissage quelconque et rentrant ensuite en Allemagne.

Les contrats assurant la force électrique à des installations d'Alsace-Lorraine seront maintenus pendant dix années.

L'Allemagne s'engage à ne se prévaloir d'aucunes ententes, dispositions ou lois pouvant entraver la production et la vente des produits alsaciens-lorrains, notamment de la loi du 25 mai 1910 réglementant l'industrie des sels de potasse, dont l'Alsace renferme un très important gisement.

Les créances, dettes et droits appartenant à des Alsaciens-Lorrains vis-à-vis de l'Allemagne et de ses ressortissants sont réglés conformément aux principes établis en faveur des Etats alliés ou associés, le Gouvernement français se réservant le droit de retenir et liquider tous les biens, intérêts et droits allemands sur tout le territoire d'Alsace-Lorraine. Par exception aux règles générales, les contrats passés par des Alsaciens-Lorrains avec des sujets ou ressortissants allemands avant la date de promulgation du décret du 30 novembre 1918 demeurent valables, sauf faculté d'annulation par le Gouvernement français pour cause d'intérêt général.

L'Etat allemand s'oblige à remettre à l'Etat français la part pouvant revenir aux caisses d'assurances sociales ou de retraites d'Alsace-Lorraine dans les capitaux et réserves constitués en Allemagne.

Il subsiste — et le traité le prévoit — de nombreux cas où des conventions ultérieures avec l'Allemagne seront nécessaires. D'autre part, certaines dispositions, notamment celles qui ont trait au payement des pensions ou à la remise des réserves et capitaux revenant aux caisses d'assurances d'Alsace-Lorraine, donnent lieu à des difficultés d'application.

On peut se demander, en outre, si toutes ces dispositions, dont l'ensemble est évidemment favorable à la France, sont garanties par des sanctions suffisantes. Nous aurons à y revenir en étudiant le problème général des garanties.

Nous avons tenu à exposer avec tout leur développement, les clauses qui fixent le régime nouveau de l'Alsace-Lorraine. C'est bien la restitution intégrale des chères provinces. C'est la réponse sans réserve aux protestations des Députés alsaciens-lorrains de 1871. C'est la blessure ouverte depuis un demi-siècle au flanc de la France définitivement fermée. C'est la pleine revanche du droit.

II

La Sarre. (Art. 45 à 50 et annexe.)

En ce qui concerne la Sarre, il ne s'agit que d'une disposition provisoire nécessaire pour assurer les réparations dues à la France, le statut définitif de cette région devant être réglé par un plébiscite qui n'aura lieu que dans quinze ans.

Aux termes de l'article 45 du traité, l'Allemagne cède à la France la propriété entière et absolue, franche et quitte de toutes dettes ou charges, avec droit exclusif d'exploitation, des mines de charbon situées dans le bassin de la Sarre.

Cette cession a pour objet et pour raison de compenser la destruction des mines de charbon dans le nord de la France. Les délégués allemands ont protesté, offrant de compenser les pertes en charbon sans qu'il fût porté atteinte à l'intégrité de leur territoire. Il leur a été répondu que les destructions accomplies en France l'avaient été par pure intention de nuire et que la réparation exigée avait un caractère d'exemplarité.

La Conférence a du reste adopté une solution qui ajourne toute décision et s'en remet à la population elle-même du soin de choisir sa nationalité après un délai de quinze ans à dater de la mise en vigueur du traité.

C'est dans l'annexe que se trouve le détail des dispositions relatives au bassin de la Sarre.

Le chapitre 1er traite des propriétés minières cédées et de leur exploitation.

La propriété acquise à l'Etat français est entière et libre de toutes charges; elle s'étend à toutes les réserves minières du bassin; elle comprend toutes les annexes, dépendances, bâtiments et approvisionnements. Les lois et règlements miniers édictés par l'Allemagne sont à sa disposition et il peut en user notamment pour l'acquisition de tous terrains nécessaires à l'exploitation.

D'autre part, l'Allemagne s'interdit sur ses chemins de fer et ses canaux l'application d'aucun tarif qui puisse préjudicier à cette exploitation.

Enfin, l'Etat français pourra fonder et entretenir, pour le personnel des mines, des écoles primaires et techniques françaises avec des programmes et des maîtres de son choix. Il pourra de même fonder des hôpitaux, dispensaires, maisons ouvrières et toutes œuvres d'assistance et de solidarité.

La valeur des propriétés ainsi cédées sera déterminée par la Commission des réparations et in-

scrite au crédit de l'Allemagne directement chargée d'indemniser les intéressés.

Les droits du personnel et des ouvriers sont
sauvegardés, tant pour le service des retraites
que pour le respect des règlements en vigueur.

Le Gouvernement du bassin de la Sarre sera
exercé par une Commission de cinq membres,
dont un Français, un habitant originaire de la
Sarre et trois ressortissants à des pays autres que
la France et l'Allemagne. Cette Commission est
nommée par le Conseil de la Société des Nations,
qui désigne le président. chargé du rôle d'agent
exécutif.

La Commission a les pouvoirs les plus généraux. Elle nomme à tous les emplois, administre
les services publics, assure l'ordre à l'intérieur et
la protection des habitants de la Sarre à l'extérieur. Elle gère le domaine public et privé. La
justice est rendue en son nom. Elle lève les taxes
et les impôts; elle a, elle-même, compétence pour
statuer sur tous les litiges qui naîtraient de l'interprétation du traité. Enfin, elle peut être ame-
née à modifier les lois et règlements en vigueur.

Les habitants continueront à élire des représentants aux assemblées communales, le droit de
vote appartenant à toute personne âgée de plus de
vingt ans, sans distinction de sexe. Ces représentants seront consultés toutes les fois qu'il s'agira
de modifier la législation ou le régime fiscal. De
même, avant de prendre aucune décision relative à la fixation des conditions et des heures de
travail, la Commission devra prendre en considération les vœux émis par les organisations locales
du travail.

Les habitants conserveront leur nationalité, mais ils pourront l'échanger contre une autre; ils gardent leur langue et leurs libertés religieuses.

Tout le territoire est rattaché au régime douanier de la France. Entre l'Allemagne et le bassin de la Sarre, les taxes d'exportation sont interdites. Pendant cinq ans, les importations entre l'Allemagne et la Sarre se feront en franchise, sous un contrôle français, pour éviter les abus.

La monnaie française aura libre cours sur le territoire.

Après quinze années passées sous ce régime, la population du bassin de la Sarre sera appelée à faire connaître sous quelle nationalité elle veut être définitivement placée. Le vote aura lieu par commune ou par district et y prendront part tous les habitants, sans distinction de sexe, âgés d'au moins vingt ans à ce moment et résidant sur le territoire lors de la signature de la paix.

Le vote portera sur trois alternatives :

1° Maintien du régime actuel;

2° Union à la France;

3° Retour à l'Allemagne.

Dans ce dernier cas, les droits et propriétés cédés à la France sur les mines seront rachetés par l'Allemagne, à diré d'experts, et le payement sera effectué sous le contrôle et au besoin par les soins de la Commission des réparations.

La volonté de la population peut différer suivant les districts; il sera tenu compte de cette diversité, si elle se produit, et le territoire sera réparti entre les diverses nationalités désignées.

La Société des Nations est chargée de cette répartition. Elle assurera le passage d'un régime à l'autre, et la répartition équitable des obligations financières existant à ce moment.

Le régime institué est donc provisoire et peut, en tout cas, cesser par la volonté exprimée de la population à l'expiration du délai prévu. La possession des mines de la Sarre nous est précieuse. La France est pauvre en charbon; avant la guerre le déficit annuel oscillait entre 21 et 23 millions de tonnes. La production annuelle des mines de la Sarre est de 14 millions et peut être accrue, car le régime fiscal sous lequel elles étaient placées était de médiocre rendement. La Lorraine nous apporte près de 4 millions de tonnes, mais sa richesse en fer accentue l'insuffisance relative de notre production houillère. L'ensemble ne constitue pas moins une amélioration importante de notre situation économique. C'est à nous, par une politique éclairée et prévoyante, à faire donner tous ses fruits à cette disposition du traité.

III

Belgique. (Art. 31 à 39.)

Les avantages territoriaux accordés à la Belgique, le Moresnet, les cercles d'Eupen et de Malmédy, ne sont pas très considérables, mais ils sont conformes au droit; ils lui donnent des territoires et des citoyens wallons dont le plébiscite devra consacrer définitivement le retour à la mère patrie. En fait, ces emprises

sur la Prusse Rhénane constituent une série d'a-
vancées dont l'importance stratégique, politique,
ferroviaire et économique ne saurait être négligée
ni diminuée. Le territoire du Moresnet, le Cercle
d'Eupen et surtout celui de Malmédy, avec son
réseau de chemins de fer stratégiques, créé, per-
fectionné,multiplié par l'Allemagne en vue d'une
invasion de la Belgique, du Luxembourg et de la
France,constituent aux mains de la Belgique une
puissante organisation défensive qui complète le
régime nouveau institué par le traité sur les
deux rives du Rhin.

Luxembourg. (Art. 40 à 41.)

Le Luxembourg, de par les articles 40 et 41 du
traité, est soustrait à l'influence militaire, ferroviaire et économique de la Prusse et de l'empire
allemand. Il recouvre ainsi sa liberté et son autonomie absolues. Il entre de plain-pied dans
l'union économique des Alliés tout en restant le
maître de ses destinées politiques.

Le Schleswig. (Art 109 à 114.)

L'occupation du Schleswig en 1864 a été le
premier acte de la politique de conquête par laquelle l'Allemagne se proposait d'établir son hé-
gémonie sur l'Europe. Le premier devoir des Alliés était de libérer le Schleswig.

Dans les dix jours qui suivront la mise en
vigueur du traité, les troupes et les autorités allemandes évacueront le territoire; toute cette zone
sera placée sous l'autorité d'une Commission in-

ternationale administrative de cinq membres, dont un désigné par le Gouvernement norvégien et un par le Gouvernement suédois.

Dans le secteur Nord, le plébiscite aura lieu trois semaines après l'évacuation par les troupes et les autorités allemandes; dans le secteur Sud, cinq semaines après le premier vote. Une Commission de sept membres, cinq désignés par les Alliés, un par l'Allemagne, un par le Danemark, sera constituée dans les quinze jours qui suivront la connaissance du résultat et elle fixera définitivement le tracé de la frontière.

La troisième zone, qui comprenait la partie du Schleswig historiquement danoise et les restes de la ligne fortifiée de Danewirke, qui était considérée comme la véritable frontière du Danemark, avait été prévue. Le Conseil supérieur a renoncé à l'établir, sur la demande du Gouvernement danois lui-même.

Pologne. (Art. 87 à 98, 100 à 108.)

La reconstitution de la Pologne devait donner lieu à des difficultés multiples tenant en grande partie à la politique de colonisation intensive suivie depuis des siècles par la Prusse sur certains territoires polonais.

Par l'article 87, l'Allemagne reconnaît, comme l'ont déjà fait les Puissances alliées et associées, la complète indépendance de la Pologne. Elle renonce à tous droits et titres sur les territoires qui avaient appartenu au royaume de Pologne.

Sur les 21 millions d'habitants qui constituaient la population polonaise, 12 millions étaient soumis à la Russie, 5 000 000 à l'Autriche, 4 millions seulement à l'Allemagne.

Mais il reste à fixer la frontière de cette Pologne reconstituée, au sud avec la Bohême, à l'ouest et au nord avec la Prusse occidentale et la Prusse orientale, et à lui assurer un débouché sur la mer.

Frontière de Bohême.

La Haute-Silésie n'avait pas fait partie du royaume de Pologne, mais la population polonaise s'y est développée d'une façon remarquable; elle s'élève à 1 250 000 habitants contre 650 000 Allemands. Toutefois, la délégation allemande prétendait que les Polonais y étaient dévoués à l'Allemagne et que les candidats allemands recueillaient dans toutes les élections les deux tiers des suffrages. Elle ajoutait que le rendement houiller de la Haute-Silésie, qui atteint, en 1914, 43 millions et demi de tonnes, est indispensable pour fournir du charbon aux industries de l'Allemagne orientale, de l'Allemagne méridionale et de la Bohême.

Le Conseil suprême a pensé qu'un plébiscite pourrait seul permettre de connaître exactement les sentiments de la population de la Haute-Silésie et il a décidé (annexe à l'art. 88) qu'une commission de quatre membres, Américain, Français, Anglais et Italien, procéderait au remplacement des autorités allemandes, que le territoire serait occupé par les troupes des Alliés (des bataillons appartenant aux armées des puissances alliées stationnent en ce moment en Haute-Silésie) et que, dans un délai qui ne pourra être moindre de six mois ni excéder dix-huit mois, il serait procédé au vote.

Bien que le traité ne l'indique pas explicitement, il semble évident que la délimitation sera faite par la Commission instituée par l'article 87.

Frontière de la Prusse Occidentale et Posnanie.

Le tracé de la frontière a été fixé de façon à laisser à l'Allemagne les régions où prédomine l'élément allemand et à la Pologne celles où l'élément polonais est en majorité. Toutefois, dans le voisinage de Schneidemühl et surtout de Filehne, il y a lieu d'attribuer à la Pologne des territoires où, par des procédés dont la brutalité a été sévèrement jugée par le Reichstag lui-même, le Gouvernement prussien s'était efforcé de remplacer les Polonais par des colons de nationalité allemande.

Le traité prévoit la constitution d'une Commission de sept membres, cinq nommés par les Principales Puissances alliées et asociées, un par l'Allemagne et un par la Pologne, pour procéder à la délimitation de la frontière occidentale de la Pologne. Cette Commission doit être constituée quinze jours après la mise en vigueur du traité.

Mais, dès la mise en vigueur du traité, la présence de la Commission sur place paraît indispensable pour que, comme il est prévu pour la Silésie, elle puisse surveiller l'évacuation, ainsi que le passage du territoire et de la population de la souveraineté allemande à la souveraineté polonaise.

Les Gouvernements allemand et polonais en devront être avertis.

Frontière de la Prusse Orientale.

La Prusse orientale a été longtemps considérée comme une colonie allemande qui communiquait surtout par mer avec le reste de l'Allemagne. La nécessité d'assurer les communications de l'Etat polonais avec Dantzig et le reste de la côte a déterminé le Conseil suprême à organiser des plébiscites dans la région d'Allenstein et dans les territoires situés à l'est de la Vistule et comprenant en tout ou en partie les cercles de Stuhn, Rosenberg, Marienburg et Marenwerder.

Toutefois (article 98) des conventions dont les termes, en cas de contestations, seraient réglés par la Société des Nations, garantiront à l'Allemagne à travers le territoire polonais, et à la Pologne à travers le territoire allemand, les facilités de communications nécessaires.

Reste pour la Pologne la question de l'accès à la mer.

Dantzig.

Le Président Wilson avait déclaré, dans le discours qu'il avait prononcé le 22 janvier 1917 au Sénat des Etats-Unis, « qu'aucune nation ne devait être exclue du libre accès aux voies du commerce mondial et qu'il était nécessaire de l'assurer par des arrangements équitables ».

Les chefs des Gouvernements anglais, italien et français avaient donné leur pleine adhésion aux principes posés par le Président Wilson; ils avaient déclaré, à leur tour, que l'accès à la mer était indispensable pour assurer le développement économique de la Pologne, dont la vitalité était la garantie de l'équilibre européen, et qui seul, ajoutaient-ils, pouvait lui permettre de respirer librement.

L'Allemagne n'avait pas contesté le droit que revendiquait la Pologne d'avoir un accès direct à la mer et elle avait même laissé entendre qu'elle était disposée à le lui faciliter en faisant de Memel, Kœnigsberg et Dantzig des ports francs. Toutefois, elle s'était refusée à céder Dantzig, la population de Dantzig étant presque totalement allemande.

Le Conseil des Alliés n'a pas cru pouvoir écarter la protestation de la délégation allemande et il a cru plus sage de reconnaître l'indépendance de l'ancienne ville hanséatique et de la placer sous un régime de liberté semblable à celui dont elle avait joui pendant plusieurs siècles.

Aux termes de l'article 100, l'Allemagne renonce, « en faveur des Puissances alliées et associées, à tous droits et titres sur la ville de Dantzig et le territoire qui l'entoure ».

Et, par l'article 102, « les Principales Puissances alliées et associées s'engagent à constituer la Ville de Dantzig, ensemble le territoire visé à l'article 100, en ville libre, placée sous la protection de la Société des Nations ».

L'article 103 ajoute : « La Constitution de la ville libre de Dantzig sera élaborée d'accord avec un Haut Commissaire de la Société des Nations, par des représentants de la ville libre régulièrement désignés. »

Etat Tchéco-Slovaque.

En même temps que l'indépendance de la Pologne, l'Allemagne reconnaît l'indépendance de l'Etat Tchéco-Slovaque. La frontière entre l'Allemagne et la Tchéco-Slovaquie sera la frontière historique, c'est-à-dire celle qui existait entre l'Empire allemand et l'Autriche-Hongrie au 3 août 1914. Cette solution, qui est la plus rationnelle, est en même temps la plus équitable (art. 81 et 82).

Toutefois (art. 83 et suivants : frontière entre l'Etat Tchéco-Slovaque et la Pologne), la partie méridionale du cercle de Ratibor, qui, sur 52 000 habitants, comprend 34 500 Tchéco-Slovaques, est attribuée à l'Etat Tchéco-Slovaque.

Un plébiscite spécial réglera le sort de la partie méridionale du cercle de Leobschutz.

Le Traité consacre ainsi les revendications d'un peuple qui a toujours opposé la plus énergique résistance à la pénétration germanique et ne s'est jamais résigné à subir la domination étrangère. « Le peuple tchèque est un petit peuple, disaient ses représentants, mais il n'a pas l'âme petite. ». Il l'a bien prouvé sur les champs de bataille de la Champagne et de la Somme, où ses volontaires, après avoir refusé de servir sous le drapeau austro-hongrois, ont mêlé leur sang à celui de nos soldats, dans les plaines de la Russie et jusqu'aux extrémités de la Sibérie, où ses légions ont accompli des exploits qui resteront légendaires. Aussi, parmi les nations qui renaissent à la vie, il n'en est pas dont la libération doive nous inspirer une satisfaction plus vive que celle de l'Etat Tchéco-Slovaque. La France et la Bohême, que rapprochaient des affinités naturelles, entretenaient avant la guerre les relations les plus amicales, et le noble et généreux appui que la Bohême nous avait donné dans les jours d'épreuve n'avait pas peu contribué à les développer. Le 8 septembre 1870, alors que l'Allemagne victorieuse préparait déjà l'annexion de l'Alsace-Lorraine et que l'Europe assistait indifférente à ce monstrueux abus de la force, la Diète de Bohême avait voté la résolution suivante: « Si l'Allemagne arrachait à la France une partie de son territoire dont les habitants se sentent Français et doivent rester tels, elle commettrait un attentat contre la liberté des peuples et mettrait la force au-dessus du droit. » Admirable et courageuse protestation que nous tenons à rappeler au moment où la victoire vient de nous permettre de proclamer l'indépendance des amis fidèles qui ne nous avaient pas abandonnés dans la défaite.

Memel. (Art. 99.)

Enfin, l'Allemagne renonce en faveur des puissances alliées au seul débouché maritime de la Lithuanie. Bien que la ville soit habitée par de nombreux Allemands, le Conseil suprême a décidé que, la majorité de la population de la région étant lithuanienne d'origine et de langue, il n'y avait pas lieu d'y maintenir la domination allemande.

Memel et la région avoisinante seront remis aux Puissances alliées et associées jusqu'à ce que le statut du territoire lithuanien puisse être déterminé.

IV

L'Allemagne s'engage (art. 80) à reconnaître et à respecter l'indépendance de l'Autriche dans les limites qui seront fixées par le traité spécial qui sera à conclure avec celle-ci et à reconnaître que cette indépendance sera inaliénable, si ce n'est du consentement du Conseil de la Société des Nations.

Elle doit s'engager également (art. 116 et 117) à reconnaître et à respecter comme permanente et inaliénable l'indépendance de tous les territoires qui faisaient partie de l'ancien Empire de Russie au 1er août 1914.

Ainsi se réglera le sort de l'Europe centrale. S'il nous était possible de mettre sous les yeux des lecteurs de ce rapport la carte de cette Europe, nous y tracerions ce que nous pourrions appeler les frontières du droit, c'est-à-dire les limites respectives des Etats restitués chacun dans la pleine possession de son territoire légitime. Nous mettrions en regard la ligne des frontières qui résulte du traité, et la différence des deux tracés mesurerait ce qu'il reste encore à obtenir pour l'entière réparation du passé. En fait, on s'apercevrait que les deux lignes diffèrent sur un très petit nombre de points : régions de Dantzig, de la Haute-Silésie, du quadrilatère de Glatz. Mais ne s'est-on pas trouvé arrêté par des difficultés matérielles, actuellement insurmontables, et dont il ne serait pas juste de faire grief aux négociateurs?

Les Puissances alliées n'ont pas hésité, partout où cela leur a été possible, à restituer dans leur indépendance les victimes des abus de la force. Au prétendu « droit de conquête », qui n'a cessé d'être la maxime de la politique des Hohenzollern, elles ont opposé le droit des nations à disposer d'elles-mêmes et fait triompher les principes de justice que le président Wilson avait développées dans ses septième, huitième et treizième propositions, visant la Belgique, l'Alsace et la Pologne, principes que la France n'avait jamais cessé de défendre au milieu de tant d'épreuves.

CHAPITRE IV

CLAUSES TERRITORIALES ET POLITIQUES
(Hors d'Europe)

PARTIE IV, ARTICLES 118 A 158 DU TRAITÉ

La partie IV du traité de Versailles concerne les droits et intérêts allemands hors d'Allemagne.

De 1880 à 1914, les pouvoirs publics, le haut commerce, la finance et l'industrie germaniques poursuivirent par tous les moyens la « Weltpolitik » dont Guillaume avait donné la formule célèbre : « Notre avenir est sur l'eau. »

Il s'agissait de la domination universelle. Il fallait, dans toutes les parties du monde, chercher les points d'appui de l'entreprise et les terrains propres à son développement.

L'Allemagne se constitua un domaine colonial en Afrique et en Océanie; elle étendit sa mainmise économique sur le Maroc et l'Egypte, dans le Libéria, le Siam et la Chine. Elle chercha à transformer la Turquie en une véritable colonie allemande, et, pour s'assurer plus sûrement la route du Levant, elle installa son influence politique et financière en Bulgarie.

Cette politique, d'abord conciliante dans ses

procédés d'expansion économique et coloniale, se transforma bientôt en une politique brutale de mises en demeure, telle que celle que nous eûmes à subir au Congo et au Maroc.

C'est tout cet édifice extérieur que ruine l'article 118 du traité : « Hors de ses limites en Europe, telles qu'elles sont fixées par le présent traité, l'Allemagne renonce à tous droits, titres ou privilèges quelconques sur ou concernant tous territoires lui appartenant, à elle ou à ses alliés, ainsi qu'à tous droits, titres ou privilèges ayant pu, à quelque titre que ce soit, lui appartenir vis-à-vis des Puissances alliées et associées. »

Les Colonies allemandes.

Les colonies de l'Empire, en 1914, comprenaient, d'une part, une Afrique allemande, avec le Togo, le Cameroun, l'Afrique orientale et l'Afrique du Sud-Ouest; d'autre part, une Océanie allemande, avec la Nouvelle-Guinée, les Samoa, les Marshall, les Carolines et les Mariannes.

A la veille de la guerre, ce domaine donnait lieu, par an, à un mouvement commercial de 573 354 000 francs, et les capitaux allemands dans les affaires coloniales atteignaient le chiffre de près de 1 milliard et demi.

Trois millions de kilomètres carrés, une population de douze millions d'habitants échappent désormais à la domination allemande.

On a discuté la légitimité de cette dépossession. Les Puissances alliées et associées l'ont justifiée dans leur réponse à la délégation allemande en la représentant comme une pénalité justement imposée à un Etat responsable de méthodes de colonisation contraires à toutes les lois de l'humanité et contre qui les documents publiés constituent le plus accablant et le plus irréfutable des réquisitoires.

L'esclavage déguisé où les administrateurs allemands avaient réduit les races indigènes; un système pénal comportant la bastonnade, la flagellation, institué par des règlements officiels pour les moindres infractions aux ordres donnés, ont soulevé l'indignation universelle. Partout où Français et Anglais ont apparu, ils ont été accueillis en libérateurs.

Du reste, les Puissances alliées et associées n'ont pas voulu s'annexer purement et simplement ces colonies allemandes.

Ces territoires ne sont pas remis aux Puissances de l'Entente en pleine propriété; l'article 22 du Pacte de la Société des Nations les soumet expressément à l'application des principes généraux posés pour l'administration des pays « habités par des peuples non encore capables de se diriger eux-mêmes dans les conditions particulièrement difficiles du monde moderne ». La tutelle de ces populations doit être exercée au nom de la Société des Nations par des mandataires choisis parmi les nations développées qui sont le mieux à même d'assurer cette responsabilité.

Le traité de paix établit trois sortes de mandats, différents « suivant le degré de développement du peuple, la situation géographique du territoire, ses conditions économiques et toutes autres circonstances analogues ». Il s'ensuit que certaines communautés qui appartenaient à l'Empire ottoman seront soumises à une tutelle purement provisoire, première étape vers une complète indépendance.

En Afrique centrale, l'état social encore rudimentaire des populations des ex-colonies allemandes exige que le mandataire y assume l'administration, mais toujours à charge d'en rendre compte à la Société des Nations.

Seuls, le Sud-Ouest-Africain et certaines ex-possessions germaniques du Pacifique austral, en raison, soit de leur superficie restreinte, soit de la faible densité de leur population, soit de leur contiguïté géographique avec le territoire du mandataire, seront — par une troisième sorte de mandat — soumis aux lois et à l'administration du pays mandataire.

Une Commission, qui a tenu déjà un certain nombre de séances, mais qui n'a pas encore terminé ses travaux, doit en soumettre les résultats à la Société des Nations. Quelles que soient les limites plus ou moins étroites dans lesquelles l'action de la Puissance mandataire est appelée, selon les contrées, à s'exercer, il est d'ores et déjà acquis que le statut de la totalité des pays soumis à mandat sera régi par un certain nombre de règles communes, garantissant l'égalité commerciale pour les ressortissants des Etats membres de la Société des Nations, assurant les mesures propres à hâter le développement des races primitives. Les mandataires s'obligent à faire connaître à la Société, par des rapports périodiques, les progrès obtenus dans les régions placées sous mandat.

Ce sont les obligations qui incomberont à la France pour la partie du Togo et du Cameroun qu'un accord avec l'Angleterre doit nous laisser, et qu'il lui sera bien facile de remplir, car elle a donné déjà largement l'exemple de cette politique humaine. Il suffit, du reste, de rappeler ce qu'ont donné de dévouement, de vaillance et de fidélité nos belles troupes noires pendant cette guerre de 1914-1918 en reconnaissance de ce que la France avait généreusement fait pour leur pays.

Si, comme nous en avons l'espoir et la ferme volonté, la Société des Nations devient une réalité, si elle exerce vigoureusement le contrôle suprême dont elle est chargée, ce n'est pas l'esprit de conquêtes qui inspirera les actes des puissances mandataires, mais bien l'esprit de civilisation et d'humanité. Et la paix bienfaisante, la paix véritable sera enfin assurée à cet immense continent qui a été jusqu'ici trop souvent la proie des conquérants et la source de discordes entre les Etats européens.

*
* *

Les articles 120, 121, 124 ne font que préciser, pour les colonies, les règles générales insérées dans les clauses économiques en ce qui concerne les biens, droits et intérêts publics et privés. En résumé, nous y acquérons une partie du Togo et du Cameroun et la reprise des territoires de l'Afrique équatoriale française que l'accord de 1911 nous avait obligés à céder à l'Allemagne en compensation des droits acquis au Maroc. L'Angleterre, ou plutôt ses dominions reçoivent l'Afrique du sud-ouest et l'Afrique orientale, les Samoa, la Nouvelle-Guinée et la Nouvelle-Zélande.

On a regretté que notre part dans l'immense étendue des colonies allemandes d'Afrique et d'Océanie n'ait pas été plus considérable. La France n'a pas de politique de conquête. Ce qui lui importait, c'était la consolidation du domaine que ses explorateurs et ses soldats lui ont acquis dans le passé, c'était la rectification des limites de son domaine dans des conditions qui en assurent l'unité et le libre développement.

La France n'a pas cherché à aller au delà de son droit. Rien dans les dispositions qui la concernent ne peut troubler la conscience de notre démocratie.

II

Le Maroc.

Les articles du traité relatifs au régime du Maroc peuvent se résumer en une proposition : l'Allemagne est désormais exclue du Maroc.

La lutte que, depuis tant d'années, nous avons soutenue contre les intrigues et les menées allemandes est terminée. Avec le consentement de tous les peuples alliés et associés, les stipulations du traité s'appliquent, bien entendu, au Maroc tout entier, y compris la zone espagnole et Tanger : le Sultan, notre protégé, est le Sultan du Maroc, et, en l'espèce, nous avons agi comme son représentant direct.

Ce qu'est cette disparition de l'Allemagne de la région marocaine, nous n'avons, pour en mesurer l'importance, qu'à rappeler les incidents graves, les menées constantes de nos ennemis, allant jusqu'au risque de guerre, à Agadir, à Casablanca.

Tout cela est maintenant le passé.

Les articles 141 et 146 détruisent la situation spéciale faite à l'Allemagne par l'acte d'Algésiras et les accords de 1909 et 1911 : plus d'exterritorialité, plus de capitulations, plus d'hypothèques quelconques, plus de part dans le capital de la Banque d'Etat du Maroc.

L'article 144 fait passer à l'Empire chérifien, sans aucune indemnité, tous les biens et propriétés de l'Empire et des Etats allemands; et l'article 146 dispose que les marchandises marocaines bénéficieront, à l'entrée en Allemagne, du régime appliqué aux marchandises françaises.

La disparition de l'Allemagne, l'adhésion des grandes puissances aux articles du traité de Versailles annoncent, en outre, pour nous prochainement la levée des autres hypothèques internationales qui pesaient jusqu'ici sur notre protectorat. En effet, la situation internationale du Maroc va se trouver modifiée, non seulement vis-à-vis des neutres, mais aussi vis-à-vis de nos alliés. En imposant avec nous à l'Allemagne l'abrogation des traités antérieurs, conclus sous sa pression, ceux-ci renoncent implicitement aux avantages qu'ils tiraient de ces actes. D'ailleurs, ce qu'ils désirent surtout, c'est l'égalité commerciale; or, ce n'est pas à l'intervention allemande qu'ils doivent ce régime, puisque c'est en 1904 que nous avons pris des engagements à ce sujet vis-à-vis de l'Angleterre et de l'Espagne. Les Etats-Unis, dans l'acte d'Algésiras, n'ont pas demandé autre chose; et ils s'en sont tenus depuis à ce seul désir. Déjà l'Angleterre consent à abroger, en ce qui la concerne, l'acte d'Algésiras dans la zone française.Nul doute que notre diplomatie n'obtienne une renonciation générale.

Il reste encore des questions à régler avec l'Espagne, ce qui implique aussi une entente avec l'Angleterre. La plus importante de ces questions est celle de Tanger. L'attitude de la France a été exposée à la séance du Conseil suprême du 25 février dernier, et le Gouvernement maintient encore aujourd'hui le texte suivant qui la définit clairement :

« La France demande à ses alliés de reconnaître,chacun en ce qui le concerne,qu'après l'abrogation de l'acte d'Algésiras, qui imposait au Maroc l'internationalisation dirigée contre la France, Tanger ne peut plus être soumise à un régime international, Tanger, qui fait partie, en droit, du protectorat de la France, doit être, en fait, rattachée à la zone française.

« La France ne demande d'ailleurs pas mieux que d'étudier l'institution du régime spécial prévu au traité franco-espagnol,régime qui n'aurait rien d'international, mais qui donnerait satisfaction à tous les intérêts légitimes existant dans cette ville. »

Il y a donc là une œuvre à terminer, nous n'avons pas besoin de dire dans quel esprit.

L'Espagne, voisine nécessaire de la France en

Europe et en Afrique, doit être, par là même, nécessairement notre amie. Tout ce qui contribuera
au rapprochement de nos deux pays, tout ce qui
assurera entre eux, par d'équitables arrangements
le développement des intérêts communs et le
resserrement des liens de sympathie, de cordialité mutuelle, tout ce qui rapprochera les esprits
et les cœurs des deux côtés des Pyrénées contribuera à sceller définitivement ce que nous avons
déjà appelé la paix méditerranéenne. Comme la
Belgique, comme l'Italie, l'Espagne forme natu-
rellement avec la France le bloc des frontières
de l'Union latine. L'amitié de la France et de
l'Espagne doit être une des bases de notre politique occidentale.

L'Egypte.

Les stipulations que nous venons d'indiquer
pour le Maroc se retrouvent exactement sembla-
bles dans les articles du traité qui se rapportent à
l'Egypte.

Le traité de paix annihile tous les efforts faits
par l'Allemagne, avant la guerre, pour augmenter son influence en Egypte.

L'identité des dispositions prises pour le Maroc et pour l'Egypte est le gage de l'entente parfaite déjà établie entre les deux grandes puissances de l'Est et de l'Ouest-Africain et que devra
compléter l'accord également indispensable avec
nos amis d'Italie.

Ainsi, la paix de l'Afrique tout entière se trouvera pour l'avenir définitivement assurée et, par
surcroît, se trouvera enfin fondée la paix méditer-

ranéenne, que les incidents de la politique afri-
caine ont si souvent menacée et qui ne saurait
être troublée sans danger pour l'avenir de toute
l'Europe.

Chine, Siam et Libéria. (Art. 128 à 140.)

Les articles 128 à 140 sont destinés à supprimer tous les droits et intérêts politiques et économiques acquis par l'Allemagne en Chine, au
Siam et au Libéria.

En Chine, elle renonce aux avantages qu'elle
avait obtenus par le Protocole signé à Pékin le
7 septembre 1901, y compris le reliquat de l'indemnité due à ses ressortissants, et par les arrangements de 1905 et de 1912; elle rétrocède
à la Chine les propriétés publiques allemandes
sises dans les concessions de Tientsin et de Han-
kéou et ces concessions elles-mêmes, sous réserve
des droits de propriété des ressortissants des
Puissances alliées.

Au Siam, tous les traités, conventions et accords conclus avec l'Allemagne sont abrogés, y
compris les conventions relatives à la juridiction
consulaire.

Il en est de même dans le Libéria, où l'Allemagne avait acquis une situation qui pouvait
permettre de considérer ce pays comme une étape
sur la route maritime du Cameroun.

Turquie et Bulgarie.

Par l'article 155, l'Allemagne s'engage à reconnaître et à agréer tous arrangements que les Puis-

sances alliées et associées passeront avec la Turquie et la Bulgarie relativement aux droits, intérêts et privilèges quelconques auxquels l'Allemagne ou les ressortissants allemands pourraient prétendre dans ces deux pays. On sait à quel point la pénétration orientale était un des moyens essentiels de la politique envahissante de « la plus grande Allemagne ».

L'asservissement politique et économique de la Turquie aux volontés des dirigeants prussiens était la première étape nécessaire dans cette marche vers l'est dont l'un des pôles d'attraction était Bagdad et l'autre La Mecque. Peu à peu, avant la guerre et pendant la guerre, les autorités allemandes, militaires ou civiles, étaient parvenues à se substituer aux pouvoirs publics ottomans. L'Allemagne avait créé là tout un réseau d'écoles et d'établissements d'ordre intellectuel.

Elle avait multiplié l'effort financier pour se rendre maîtresse des réseaux ferrés et de toutes les grandes entreprises d'utilité publique et y avait été puissamment aidée par des emprises sur la dette publique ottomane.

Son action en Bulgarie n'était pas moins forte. Depuis longtemps, elle y avait plongé des racines profondes, et, grâce à la guerre, elle avait pu faire de ce pays une véritable colonie allemande.

De tout cela le traité ne laisse rien subsister. Mais il nous faut attendre l'achèvement des traités particuliers avec la Turquie et la Bulgarie, pour connaître le règlement définitif de la question d'Orient. Tout ce que nos pouvons dire aujourd'hui, c'est que notre pays est intéressé au

premier chef dans le règlement du sort de la
Turquie, puisque jusqu'en 1914 nous y possé-
dions, en droit et en fait, une situation prépondérante. Nous y tenions incontestablement le
premier rang par notre influence intellectuelle
et morale, par l'importance considérable des capitaux français qui ont été utilisés pour la mise
en valeur de l'Empire ottoman.

En ce qui concerne la dette publique turque,
la France y était engagée, au moment de la guerre, pour 2 milliards 500 millions, l'Allemagne
pour 850 millions, l'Angleterre pour 577 millions.

Il est donc indispensable que tout règlement,
quel qu'il soit, maintienne d'abord notre situation telle qu'elle était avant la guerre. Mais il y
a plus. L'Allemagne, par une politique astucieuse
et tyrannique, avait pris dans l'Empire ottoman
une place considérable. Elle disparaît. Il faut que,
dans la liquidation du domaine ainsi usurpé par
elle, la France retrouve une part proportionnelle
à l'importance de ses droits.

Mais les négociations relatives au traité spécial entre les Puissances alliées et associées et la
Turquie n'étant pas encore achevées, aucun jugement ne peut être formulé jusqu'ici sur le
régime futur des pays ottomans. La Commission
rappelle seulement au Gouvernement avec quelle
rigoureuse vigilance devront être considérées les
raisons de décider: raisons de l'ordre intellectuel
et moral, raisons d'humanité, — pour assurer la
protection des chrétiens d'Orient,— raisons d'intérêt économique et financier. Elles doivent inspirer dans l'Empire ottoman la politique des Al-

liés et ne donner ouverture à aucune arrière-pensée de conquête.

Le problème de l'Asie Mineure et celui de Constantinople restent tout entiers à régler. La question du maintien du Gouvernement du Sultan reste posée. Pour y répondre, il nous semble qu'il faudra considérer, par-dessus tout, les nécessités de la paix générale du monde de l'Islam. Nous ne pouvons négliger les répercussions profondes que peuvent avoir les mesures proposées en Turquie sur les 25 millions de Musulmans qui, dans l'Afrique du Nord, vivent sous nos lois. Leur respect et leur dévouement pour la patrie française se sont manifestés pendant cette guerre avec un admirable éclat.

Il faut que rien ne soit fait qui puisse altérer ces sentiments.

Chantoung.

Il reste enfin une clause particulièrement critiquée du traité : c'est celle qui a empêché une des Puissances alliées d'y souscrire, et elle reste, pour l'instant, entre le Japon, qui en profite, et la Chine, qui s'en plaint, comme un point douloureux qu'il importe de supprimer.

CHAPITRE V

CLAUSES MILITAIRES, NAVALES & AÉRIENNES
PRISONNIERS DE GUERRE

PARTIES V ET VI, ARTICLES 159 A 226 DU TRAITÉ

Les clauses militaires, navales et aériennes du traité ont pour objet, de façon générale, d'assurer le maintien de la paix et, par conséquent, de permettre, suivant les termes mêmes de la convention, « une limitation générale des armements de toutes les nations ».

A cet effet, on a voulu d'abord mettre obstacle à de nouvelles agressions de l'Allemagne en l'obligeant à limiter ses forces et armements, en neutralisant une zone militaire sur les rives allemandes du Rhin et en faisant occuper temporairement une partie de cette zone par les armées alliées.

I

Clauses militaires

Le service militaire obligatoire est supprimé en Allemagne (art. 173, 174, 175, 177), le recrutement de l'armée allemande et de ses cadres de sous-officiers et d'officiers se fera uniquement par des engagements volontaires de longue durée, vingt-cinq ans pour les officiers, douze ans pour les hommes de troupe.

Cette armée sera réduite, à titre permanent, à partir du 31 mars 1920, à 100 000 hommes, officiers et troupe. Cette réduction se fera graduellement, elle devra atteindre 200 000 hommes dans les trois mois qui suivront la mise en vigueur du traité (art. 159 et 160).

Le grand état-major allemand est supprimé, ainsi que tout organisme similaire; les 100 000 hommes, dont 4 000 officiers, devront constituer au maximum, sept divisions d'infanterie et trois divisions de cavalerie encadrées par deux états-majors de corps d'armée [1].

La limitation du matériel de guerre et des munitions (art. 164, 165 et 166) auxquels l'Allemagne aura droit à partir de cette même date du 31 mars 1920 est fixée en proportion du nombre des unités militaires admises, avec un supplément de 1/25 pour les armes portatives et 1/50 pour les pièces d'artillerie à titre de remplacements éventuels. Le matériel de guerre constituant l'armement des places fortes et ouvrages fortifiés de l'intérieur et de la côte, que l'Allemagne est autorisée à conserver, sans en construire de nouveaux, ne devra pas être supérieur à celui qui existera le jour de la mise en vigueur du traité de paix, avec un approvisionnement de 1 500

1. Voir les tableaux des effectifs, armements et munitions de l'armée allemande. (Annexe IV.)

coups par pièce de petit et moyen calibre et 5oo pour les gros calibres.

Tout ce qui existe en Allemagne en fait de matériel de guerre et de munitions en excédent des quantités maxima fixées, ainsi que le total des engins de défense contre les aéronefs, sera livré aux Puissances alliées et associées pour être détruit ou mis hors d'usage (art. 169). Il en sera de même de l'outillage destiné aux fabrications de guerre en surplus de ce qui est nécessaire à l'armement et à l'équipement des forces militaires autorisées par le traité. Les établissements dans lesquels les fabrications seront maintenues devront être en nombre limité et dans des emplacements connus, suivant l'autorisation des Puissances (art. 168, 170, 171).

L'importation et l'exportation du matériel et des munitions sont interdites en Allemagne.

Sont interdits également l'emploi, la fabrication et l'importation des tanks ou chars d'assaut, des gaz ou liquides asphyxiants, toxiques, etc.

Toutes écoles militaires et académies de guerre sont supprimées, sauf une seule d'officiers par arme et ne pouvant, du reste, préparer que le nombre d'officiers strictement nécessaires pour combler les vacances.

Les établissements d'enseignement, les universités, les sociétés sportives ne doivent, sous aucun prétexte, s'occuper de questions militaires.

Ces restrictions sont complétées par les mesures prises aux articles 42, 43 et 44 du traité en vue de créer des deux côtés du Rhin, en territoire allemand et jusqu'à 5o kilomètres sur la rive droite, une zone neutralisée au point de vue militaire, dans laquelle il est interdit à l'Allemagne de maintenir et de construire des forfications, d'entretenir ou de rassembler des troupes, même temporairement, et de conserver des moyens de mobilisation, et par les articles 428, 429, 430 et 431, qui stipulent, comme garanties d'exécution des obligations imposées à l'Allemagne, l'occupation par les armées alliées, pendant une période de cinq, dix ou quinze ans, des territoires allemands de la rive gauche du Rhin et des têtes de ponts.

Ces deux sortes de mesures seront étudiées et discutées par nous lorsque nous en viendrons au chapitre des garanties.

Clauses navales

Les dispositions stipulées dans les clauses navales du traité de paix réduisent la flotte allemande, en matériel comme en personnel, à une simple force défensive ou de police.

En effet :

1° La flotte est limitée à six cuirassés (type *Deutschland*), six croiseurs légers, douze destroyers et douze torpilleurs;

2° Il est interdit au Gouvernement allemand de remplacer les six vieux cuirassés, que le traité lui laisse actuellement, par d'autres de déplacement supérieur à 10 000 tonnes, et les six croiseurs par d'autres jaugeant plus de 6 000 tonnes, et de posséder aucun sous-marin de guerre ou de commerce;

3° L'Allemagne doit livrer à l'Entente ou n'affecter qu'à des usages commerciaux tous autres bâtiments de guerre; elle doit démolir tous ceux qui sont en construction, bâtiments de surface ou sous-marins.

De telles conditions de réduction, s'étendant des navires à tout le matériel d'armement, permettent de considérer l'Allemagne comme désarmée au point de vue maritime.

Le traité impose à l'Allemagne l'obligation de draguer les mines et de maintenir libres de mines de larges zones déterminées par l'article 193.

Il condamne le Gouvernement de l'Allemagne à faire démolir les fortifications d'Héligoland, à l'exception seulement de celles qui peuvent être une protection contre les érosions de la mer et qui seront jugées comme telles par une Commission interalliée (art. 115 et protocole § 1).

Il oblige l'Allemagne à subir tous les jugements des tribunaux de prises de l'Entente et à reconnaître aux Puissances alliées et associées le droit d'examiner les décisions des juridictions allemandes en matière de prises, à accepter et à exécuter les recommandations présentées après ledit examen (art. 440).

Les clauses navales du traité enjoignent à l'Allemagne d'assurer l'accès de la mer Baltique à tous les navires de toutes les nations dans la zone comprise entre les latitudes de 54° et 55°27' nord et les longitudes de 9° à 16° est de Greenwich et lui interdisent de garder ou d'établir dans cette zone aucun ouvrage fortifié ayant commandement sur les routes maritimes entre la mer du Nord et la mer Baltique (art. 195).

D'autre part, le traité (art. 380 à 386) prescrit que le canal de Kiel et ses accès seront toujours libres et ouverts, sur un pied de parfaite égalité, aux navires de guerre et de commerce de toutes les nations en paix avec l'Allemagne.

Mais on doit constater que l'embouchure de l'Elbe n'a pas été comprise dans la zone définie par l'article 195, zone où toute fortification est interdite.

Défenses aériennes

Les forces de l'Allemagne ne doivent comprendre aucune organisation ni aucun appareil d'aéronautique militaire ou navale.

Le personnel existant de l'aéronautique des armées sera démobilisé et le matériel et les munitions seront livrés aux Puissances alliées et associées dans les conditions déterminées par le traité ou à fixer par les Puissances.

Contrôle des clauses militaires, navales et aériennes

Le contrôle de l'exécution des clauses relatives à la limitation des forces militaires ou navales dé l'Allemagne, au désarmement et au démantèlement des forteresses sera exercé par des commissions interalliées. Leur entretien sera à la charge de l'Allemagne, qui devra leur fournir les moyens que comporte l'accomplissement de leur mission. Celle-ci devra prendre fin à l'expiration des délais fixés pour l'exécution même des mesures imposées. Après cette date, l'article 213 prévoit que l'Allemagne s'engage à se prêter aux investigations jugées nécessaires par le Conseil de la Société des Nations votant à la majorité.

II

Telles sont, d'après les articles du traité, les clauses militaires, navales et aériennes imposées à l'Allemagne.

Donnent-elles à la France et à la paix du monde toutes les garanties nécessaires, et permettront-elles, comme l'indique le préambule de cette partie du traité, « la limitation générale des armements de toutes les nations » ?

Certes, en ce qui concerne les clauses navales, on peut dire que le traité consacre la destruction de la puissance navale de l'Allemagne. La flotte allemande était puissante en 1914; aujourd'hui, elle ne peut être une menace pour personne.

Une seule observation peut être faite au sujet du canal de Kiel.

Nous l'avons indiqué plus haut, les ouvrages et batteries supprimés à l'entrée nord du canal sont maintenus à l'entrée sud du canal (embouchure de l'Elbe).

Il y a là une anomalie pour un canal proclamé libre et qui est le chemin le plus court et le plus sûr pour passer de la mer du Nord à la Baltique.

Du moment qu'on démolit les ouvrages de Kiel et ceux de la côte allemande du côté de l'ouest (cela, dit le traité, pour assurer à tous les bâtiments la liberté d'accès à la Baltique), même décision ne devrait-elle pas être prise pour en assurer semblablement l'accès par l'autre extrémité du canal.

Mais, en somme, la sécurité navale de la France est assurée par les clauses du traité.

*
* *

En est-il de même au point de vue militaire?

L'armée allemande est réduite à 100 000 hommes, dont 4 000 officiers. Le grand état-major est supprimé. Mais il n'en reste pas moins que l'armée allemande, bien loin de ne constituer qu'une force de police ou de gendarmerie, reste une armée avec ses états-majors et ses cadres, ses différents corps de troupes, infanterie, artillerie et génie.

Pendant plus de quinze ans, l'Allemagne aura encore toute la génération d'hommes qui ont pris part à la guerre, dont l'instruction est toute faite et qui pourront reprendre immédiatement leurs places, officiers et soldats, dans l'organisme complet qui forme cette armée. Il lui sera du reste toujours facile, malgré l'article 177, dont les dispositions échappent à toute sanction, de se servir de ses sociétés sportives ou d'éducation physique pour préparer de nouvelles classes. Ce qui se passe en Allemagne encore à l'heure actuelle est bien fait pour nous inspirer ces craintes. Lorsque les ligues d'officiers allemands assurent à Hindenburg que « les millions d'officiers, de sous-officiers et d'hommes qui n'ont pas été battus par l'ennemi restent à sa disposition, éternellement fidèles », lorsque le ministre Noske réclame une nouvelle organisation militaire allemande, lorsque, enfin, en fait, des armées de volontaires se constituent un peu partout en Allemagne, nous n'avons pas le droit de croire à la disparition de l'esprit militariste prussien.

De même en ce qui concerne son armement. Notons du reste, au passage, que l'article 164 du traité, qui le vise, est rédigé avec quelque ambiguïté. Le Gouvernement nous a donné son interprétation de cet article; il affirme que cet article impose à l'Allemagne deux obligations particulières :

1° Elle s'engage, une fois entrée dans la Société des Nations, même si le Conseil a fixé des limites supérieures à celles du traité au point de vue de la réduction générale des armements, à ne pas s'en prévaloir et à maintenir les limites fixées par le traité;

2° D'autre part, si le Conseil fixe des limites générales inférieures, elle s'oblige à s'y conformer.

En outre, le Gouvernement nous a formellement déclaré que, tout en regrettant, comme nous, le défaut « d'uniformité » des textes relatifs aux effectifs et aux munitions et du texte relatif aux armements, les règles établies pour ceux-ci s'appliqueront à tous, et que, pour les effectifs et les munitions, comme pour les armements, l'entrée de l'Allemagne dans la Société des Nations ne pourra modifier, sans le consentement de la France, les obligations permanentes fixées par le traité.

Nous devons faire remarquer, comme nous l'avons fait pour les effectifs, avec quelle rapidité les armements et les munitions pourront être reconstitués.

L'expérience d'hier de la guerre nous a montré combien peu de temps suffit pour transformer une industrie de paix en industrie de guerre et nous savons ce que pourra cette industrie de paix allemande, chez qui rien n'a été détruit et qui va essayer de regagner le plus vite possible sa place sur le marché économique. Si nous voulons que la limitation des forces militaires de l'Allemagne soit strictement réalisée et maintenue, on voit quel contrôle il faudra exercer, quelles précautions de tout ordre il faudra prendre pour que les règles fixées soient respectées.

Ce contrôle est-il prévu par le traité?

Deux périodes y sont envisagées. Une première période, celle qui va jusqu'au 31 mars 1920, pendant laquelle doivent être exécutées toutes les réductions et destructions imposées. Une seconde, sans limite, pendant laquelle ne sont prévues que des investigations possibles de la Société des Nations.

Pendant la première, le contrôle est assuré par des Commissions interalliées. Nous voulons bien croire qu'elles veilleront strictement à l'exécution des obligations de l'Allemagne; mais, si les mesures ne sont pas exécutées dans le délai voulu, aucune sanction n'est prévue. Les Commissions seront-elles au moins prorogées jusqu'à l'exécution complète? On nous en a donné l'assurance et nous en avons pris acte.

Mais, ensuite, que se passera-t-il, et comment obtiendra-t-on le maintien des obligations permanentes?

Le traité ne prévoit rien d'autre que ce qui
est inscrit à l'article 213. L'Allemagne s'engage
« à se prêter aux investigations que la Société des
Nations, votant à la majorité, jugerait nécessaires. ».

Nous sommes heureux de constater cette disposition : « votant à la majorité. » S'il n'en avait
pas été ainsi, c'était, en fait, tout contrôle supprimé. Il aurait suffi que dans le Conseil, l'Allemagne obtînt le concours d'un seul Etat pour pa-
ralyser complètement l'action de la Société.

Mais, même avec cette clause de la majorité,
que pourra être le contrôle exercé par la Société
des Nations?

Ce ne pourra être, d'abord, qu'un contrôle
intermittent, exceptionnel, puisque la Société des
Nations n'a créé aucun organe de contrôle permanent.

Il faudra une décision spéciale du Conseil due
à l'initiative individuelle d'un ou de plusieurs de
ses membres. Au lieu d'une mesure appliquée au
grand jour, certaine, dont personne n'est particulièrement responsable, c'est nous qui devons, par
des moyens de fortune, découvrir le péril, le dé-
noncer et fournir ainsi à l'Allemagne les moyens
d'y parer, en provoquant la mise en mouvement
d'une procédure longue et difficile et dont nous
porterons la responsabilité.

Il y a là un danger certain et le devoir pressant
pour le Gouvernement d'obtenir de la Société des
Nations le contrôle permanent des armements. Là
sera la garantie essentielle de notre sécurité, le
seul moyen sûr de faire porter à ce chapitre du
traité les fruits que les plénipotentiaires en atten-

dent : « la possibilité de la limitation des armements pour toutes les nations. »

III

Prisonniers de guerre et sépultures

En ce qui concerne la partie VII du traité de Versailles : Prisonniers de guerre et sépultures, les dispositions sont les suivantes :

Art. 214 à 224. — Les prisonnniers de guerre et les internés civils seront rapatriés aussitôt que possible et avec la plus grande rapidité, après la mise en vigueur du traité.

Le retour en territoire allemand des prisonniers est subordonné à la mise en liberté immédiate de tous les prisonniers alliés qui se trouveraient encore en Allemagne.

Enfin, les signataires du traité déclarent renoncer au remboursement réciproque des sommes dues pour l'entretien des prisonniers de guerre.

Art. 225 et 226. — En ce qui concerne les sépultures militaires, les Gouvernements alliés et le Gouvernement allemand s'engagent à entretenir et à faire respecter celles qui existent sur leurs territoires respectifs, à accueillir et aider toute Commission de l'un des belligérants chargée d'identifier les tombes, d'élever sur elles des monuments convenables, de donner des facilités pour satisfaire aux demandes de rapatriement des corps, sous réserve des prescriptions de leur lé-

gislation nationale et des nécessités de l'hygiène
publique.

Les Gouvernements s'engagent, en outre, à se
fournir réciproquement la liste complète des dé-
cédés avec les renseignements utiles à leur identification,ainsi que toutes indications sur le nombre et l'emplacement des tombes des soldats in-
connus.

Le traité n'a pas voulu exercer de représailles sur les prisonniers allemands en souvenir des
traitements abominables infligés aux nôtres dans
les camps de concentration de l'Allemagne. Nous
avons analysé déjà les sanctions prévues par les
articles 227 à 230 contre les auteurs responsables de tes crimes. Ici les articles 214 à 224 se
bornent à assurer la mise en liberté immédiate
de tous les prisonniers alliés qui pourraient se
trouver encore en Allemagne, en subordonnant
à leur retour le rapatriement de l'ensemble des
prisonniers allemands.

Savoie

Art. 435. — Une dernière clause d'ordre militaire est contenue dans l'article 435 du traité de
paix, qui prend acte de l'accord intervenu entre
la France et la Suisse pour la suppression de la
zone neutre de la Savoie et qui consacre l'abrogation des stipulations des traités internationaux
qui y sont relatives.

CHAPITRE VI

RÉPARATIONS ET CLAUSES FINANCIÈRES

Parties VIII et IX, articles 231 a 263 du traité

La question si importante de la réparation par l'Allemagne des dommages subis par notre pays du fait de la guerre fait l'objet, en dehors de la partie VIII qui lui est spécialement affectée et de la partie IX qui s'y rattache directement, de nombreuses dispositions disséminées dans le traité.

I

On peut les faire rentrer dans les différents chapitres suivants :

a) Proclamation du droit des Alliés à la réparation totale des pertes et dommages résultant de la guerre;

b) Limitation par le traité de l'exercice de ce droit : quels dommages seront réparés;

c) Evaluation des dommages;

d) Conditions et modes de payement des dommages;

e) Garanties financières.

a) *Du droit des Alliés à la réparation des pertes et dommages résultant de la guerre.*

Le droit à la réparation des pertes et dommages subis par les Puissances alliées et associées,
du fait de la guerre, a été solennellement reconnu
par l'article 231 du traité de paix (partie VII, Section I), ainsi conçu : « Les Gouvernements alliés
déclarent, et l'Allemagne reconnaît, que l'Allemagne et ses alliés sont responsables, pour les
avoir causés, de toutes les pertes et de tous les
dommages subis par les Gouvernements alliés et
associés et leurs nationaux, en conséquence de
la guerre qui leur a été imposée par l'agression
de l'Allemagne et de ses alliés. »

Ce texte contient à la fois une déclaration de
principe et un aveu de responsabilité.

Il convient de remarquer, à cet égard, que
l'Allemagne, bien qu'elle soit intervenue seule
dans la conclusion du traité de paix du 28 juin
1919, y reconnaît la responsabilité de ses alliés
en même temps que la sienne propre.

Mais de cet aveu de responsabilité sans réserves vont découler des sanctions singulièrement
adoucies :

Par l'article 232, en effet, « les Gouvernements
alliés et associés reconnaissent que les ressources de l'Allemagne ne sont pas suffisantes, —
en tenant compte de la diminution permanente
de ces ressources qui résulte du présent traité, —
pour assurer complète réparation de toutes ces
pertes et de tous ces dommages »,

Et, en conséquence de cette déclaration, il
n'est réclamé de l'Allemagne aucune indemnité

en compensation des dépenses militaires et de la plupart des dépenses civiles exceptionnelles commandées par l'état de guerre, qu'auront à supporter les puissances de l'Entente depuis le 2 août 1914, jusqu'à la signature du traité de paix.

Une seule exception est faite pour la Belgique.

Comme sanction de la violation du traité de 1839, l'Allemagne s'oblige, en effet, en sus des compensations de dommages prévues pour l'ensemble des Puissances alliées et associées, à effectuer le remboursement de toutes les sommes que la Belgique a empruntées aux Gouvernements alliés et associés, jusqu'au 11 novembre 1918, y compris l'intérêt à 5 p. 100 par an desdites sommes.

Pour la France seule, l'ensemble des dépenses militaires et des dépenses exceptionnelles des services civils qui ne seront pas remboursées par l'Allemagne atteindra au 31 décembre 1919, d'après les évaluations du Gouvernement, une somme de 143 milliards environ

Donc, aux termes mêmes du traité, quelle qu'ait été la responsabilité solennellement proclamée de l'Allemagne et de ses alliés, et reconnue par l'Allemagne elle-même, c'est sur le budget de l'Etat français que retombera la charge énorme de 143 milliards, à laquelle nos finances ne pourront pourvoir qu'au moyen d'une aggravation redoutable de notre dette publique.

De 34 milliards en 1914, la dette de la nation française, qui atteignait déjà le 30 avril 1919, le chiffre de 180 milliards, ne passera pas à moins de 200 milliards dès la fin de 1919. Cette dette pèsera sur le budget national du poids annuel de plus de 10 milliards, pour le service des intérêts non compris les pensions militaires.

A la vérité, l'article 232 du traité de paix contient les motifs d'une pareille atténuation des charges auxquelles l'Allemagne devrait être obligée. Les représentants des Puissances alliées ont estimé que l'on ne devait lui réclamer que la somme des sacrifices qu'elle pût sûrement supporter. Il n'eût pas été sage, disent-ils, de lui imposer des charges auxquelles ses possibilités financières et économiques ne lui eussent pas permis de faire face.

Dans cet esprit, l'on a cru devoir tenir compte « de la diminution permanente des ressources, qui résulte pour elle des autres dispositions du traité ». Il est certain, en effet, que le retour de l'Alsace-Lorraine à la France, le démembrement d'une partie de l'Empire allemand, la perte de ses colonies, la restriction des moyens économiques, etc., vont diminuer la puissance financière de l'Allemagne et amoindrir l'efficacité des moyens par lesquels elle devrait acquitter sa dette envers les nations qu'elle a tenté d'anéantir. A cet égard, le geste des Puissances alliées est sans doute inspiré par un sentiment de prudence nécessaire; mais n'avons-nous pas le droit de nous plaindre qu'au regard de la situation que l'Allemagne doit à ses fautes et à ses crimes, les Alliés n'aient pas songé à placer la situation que va faire à la France une guerre qu'elle ne voulait point, qui lui coûte plus de 1 500 000 morts, et de 1 500 000 blessés, qui a entraîné la ruine de la partie la plus riche de son territoire, et qui lui a imposé des sacrifices financiers hors de toute mesure?

Nous sommes très convaincus que ceux qui ont eu à défendre les intérêts de la France, et plus particulièrement M. le Président du Conseil; n'ont pas manqué de faire valoir, devant la Conférence de la paix, la gravité des difficultés au milieu desquelles vont avoir à se débattre nos populations déjà si éprouvées; nous avons la certitude que l'honorable M. Clemenceau y a mis toute l'énergie que nous lui connaissons, renforcée par le patriotisme ardent dont il a donné tant de preuves. Nous avons, comme lui, connu, dans les discussions spéciales où nous avons pris une part, les oppositions qu'on n'arrivait pas à surmonter, sans risques graves pour cet intérêt suprême, le maintien inébranlable de l'union entre les nations libres.

D'ailleurs, ne devait-il pas céder à l'impérieuse et rigide condition de l'unanimité, à laquelle furent subordonnées les décisions de la conférence?

b) *Dommages qui seront réparés.*

Sous les réserves exprimées dans le premier alinéa de l'article 232 et que nous venons d'exposer, l'article 232 détermine les obligations qui incomberont à l'Allemagne :

« Les Gouvernements alliés et associés, y est-il dit, exigent toutefois, et l'Allemagne en prend l'engagement, que soient réparés tous les dommages causés à la population civile de chacune des Puissances alliées et associées, et à ses biens, pendant la période où cette Puissance a été en état de belligérance avec l'Allemagne, par ladite agression par terre, par mer et par les air.., et, d'une façon générale, tous les dommages tels qu'ils sont définis à l'annexe. »

Les dommages à réparer énumérés dans l'annexe I de la partie VIII se divisent en dommages aux personnes et dommages aux biens.

Les dommages aux personnes comprennent :

« Dommages causés aux civils atteints dans leur personne ou dans leur vie et aux survivants qui étaient à la charge de ces civils par tous actes de guerre, y compris les bombardements ou autres attaques par terre, par mer ou par voie des airs, et toutes leurs conséquences directes ou de toutes opérations de guerre des deux groupes de belligérants en quelque endroit que ce soit. »

Bien que la rédaction de ce paragraphe paraisse un peu obscure, il s'agit sans aucun doute, ici, des dommages causés par tout acte de guerre aux civils atteints dans leurs personnes ou dans leur vie et aux survivants qui étaient à leur charge.

Le texte ne définit pas ce qu'il faut entendre par actes de guerre. Il n'en donne pas, non plus d'énumération limitative. Mais il stipule du moins clairement « que donneront lieu à réparation les dommages causés par toutes les conséquences directes de tous actes de guerre ou de toutes opérations de guerre *des deux groupes de belligérants* en quelque endroit que ce soit.

Ainsi, seront certainement réparés les dommages directs subis par les civils du fait de bombardements, de destructions d'ouvrages, d'explosions ou incendies accomplis aussi bien par nos armées de terre et de mer dans leurs opérations que par les armées et les flottes ennemies.

Il nous paraît également que l'on devra comprendre parmi les conséquences directes des actes de guerre ou des opérations de guerre les accidents dont auront été victimes les civils dans les ateliers de fabrication de matériel d'armement, de munitions, poudres, explosifs et autres engins de guerre;

Les dommages causés par l'Allemagne ou ses alliés aux civils victimes d'actes de cruauté, de violence ou de mauvais traitements et aux survivants qui étaient à la charge de ces victimes;

Les dommages causés par toutes espèces de mauvais traitements aux prisonniers de guerre;

En tant que dommages causés aux peuples des Puissances alliées et associées, toutes pensions ou compensations de même nature aux victimes militaires de la guerre ou aux personnes dont ces victimes étaient les soutiens. Dans cette catégorie de dommages personnels, un mode de calcul a été fixé. Le montant des sommes dues sera déterminé par la capitalisation, à la date de la mise en vigueur du traité, des pensions ou compensations allouées aux intéressés, sur la base des tarifs en vigueur en France à cette date. Rien n'est dit en ce qui concerne le taux d'intérêt. Il faut donc rappeler ici que notre dernier emprunt a été émis à un taux réel de 5,65 p. 100.

Les frais de l'assistance fournie par les Gouvernements aux prisonniers de guerre, à leurs familles ou aux personnes dont ils étaient les soutiens;

Les allocations données par les Gouvernements aux familles et autres personnes à la charge des mobilisés, sur la base du tarif moyen appliqué en France.

Les dommages aux biens comprennent:

- Les dommages relatifs à toutes propriétés, en quelque lieu qu'elles soient situées, appartenant à l'une des Puissances alliées ou associées ou à leurs ressortissants (exception faite des ouvrages et du matériel militaire ou naval), qui ont été enlevées, saisies, endommagées ou détruites par les actes de l'Allemagne ou de ses alliés sur terre, sur mer, et tous les dommages causés en conséquence directe des hostilités ou de toutes opérations de guerre;

Les dommages causés sous forme de prélèvements, amendes ou exactions similaires de l'Allemagne ou de ses alliés au détriment des populations civiles.

Ces deux paragraphes visent la réparation de tous les dommages causés aux biens, qu'ils aient été causés par l'Allemagne ou ses alliés ou qu'ils soient seulement la conséquence directe des hostilités ou de toutes opérations de guerre, qu'ils soient par suite le fait des armées de l'Entente ou des armées ennemies.

Sont seuls exceptés du bénéfice de la réparation les ouvrages et le matériel militaires ou navals.

Seront donc réparés tous les dommages causés aux biens, qu'ils appartiennent aux particuliers ou qu'ils fassent partie du domaine public ou privé des Puissances alliées et associées.

Toutes les catégories de dommages dont la réparation est prévue dans notre loi du 17 avril 1919 sur la réparation des dommages causés par les faits de guerre nous paraissent donc rentrer dans le cadre adopté par le traité de paix.

Ce cadre est même plus large, puisqu'il prévoit la réparation pour les dommages causés *en quelque lieu que ce soit*, alors que l'application de la loi du 17 avril 1919 doit se limiter à la France, l'Algérie et les colonies ou pays de protectorat.

Signalons toutefois le défaut de mention des réquisitions dont il conviendrait de s'étonner si le cas des réquisitions ne faisait l'objet de dispositions explicites de la Convention de La Haye du 18 octobre 1907, signée par l'Allemagne et ses alliés, ainsi que par la France et les siens.

D'autre part, les réquisitions exercées par les autorités militaires allemandes tombent sous l'application de l'article 238, qui prescrit la restitution en espèces des espèces enlevées, saisies ou séquestrées, ainsi que la restitution des animaux, des objets de toutes sortes et des valeurs, enlevés, saisis ou séquestrés.

Il nous paraît que cette interprétation s'impose, car si les réquisitions étaient considérées comme un dommage analogue aux saisies ou enlèvements de biens, ce serait une méconnaissance absolue de la Convention de La Haye.

Nous regrettons que, par un texte précis, on n'ait pas fait bénéficier d'un droit de priorité le payement des réquisitions.

c) *Evaluation des dommages à réparer.*

Article 233. — La fixation du montant des dommages est confiée par l'article 233 du traité de paix à une Commission interalliée, qui prendra le titre de Commission des réparations.

La composition de cette Commission et le détail de son fonctionnement sont fixés par l'annexe 2.

Elle doit comprendre quatre délégués ayant toujours le droit de prendre part aux débats et d'émettre des votes, ceux des Etats-Unis, de la Grande-Bretagne, de la France et de l'Italie, et se compléter, suivant les questions traitées, d'un des délégués de la Belgique, de l'Etat serbo-croate-slovène ou du Japon.

On peut regretter que la France, si éprouvée, n'ait qu'un délégué et soit traitée sur le même pied que les Etats-Unis, par exemple, qui n'ont guère subi de dommages appelés à réparations.

Nous ne nous étendrons pas sur les détails du fonctionnement de la Commission dont il s'agit, nous dirons seulement qu'elle a les pouvoirs les plus larges pour l'évaluation des dommages à réparer.

« Elle ne sera liée, stipule le paragraphe 8 de l'annexe 2, par aucune législation ni par aucun code particulier, ni par aucune règle spéciale concernant l'instruction ou la procédure, elle sera guidée par la justice, l'équité et la bonne foi. Ses décisions devront se conformer à des principes et à des règles uniformes dans tous les cas où ces principes et ces règles seront applicables. Elle fixera les règles relatives aux modes de preuve des réclamations,elle pourra employer toute méthode légitime de calcul. »

Le traité ne fixe de règle d'évaluation que pour « les frais nécessités par les réparations et reconstructions des propriétés situées dans les régions envahies et dévastées, y compris la réinstallation des mobiliers, des machines et de tout matériel ». Ces frais « seront évalués au coût de réparation et de reconstruction à l'époque où les travaux seront exécutés ».

« La Commission, dit encore le même paragraphe, aura d'une façon générale les pouvoirs de contrôle et d'exécution les plus étendus en ce qui concerne le problème des réparations et aura le pouvoir d'interpréter les dispositions du traité y relatives. »

Elle est le représentant exclusif des Gouvernements alliés et associés, pour leur part respective, en vue de recevoir, vendre, conserver et répartir le payement des réparations à effectuer par l'Allemagne.

*
* *

D'après l'article 233, les conclusions de la Commission, en ce qui concerne le montant des dommages, seront notifiées au Gouvernement allemand le 1er mai 1921, au plus tard, comme représentant le total de ses obligations.

En fixant au 1er mai 1921, le montant global de la dette de l'Allemagne, la Commission pourra tenir compte des intérêts sur les sommes afférentes à la réparation des dommages matériels à partir du 11 novembre 1918 jusqu'au 1er mai 1921. A partir du 1er mai 1921, le Gouvernement allemand sera débité d'un intérêt de 5 p. 100 sur sa dette, déduction faite des payements en espèces ou leurs équivalents ou en bons.

Il paraît fâcheux que le traité n'ait pas prévu d'intérêt obligatoire pour la période s'étendant du 11 novembre 1918 au 1er mai 1921.

Signalons encore que nous perdons une somme d'intérêts considérable après cette dernière date, car les bons émis par l'Allemagne, dont déduction sera faite pour le calcul des intérêts dus par elle sur sa dette, ne porteront que 2 1/2 p. 100 d'intérêts de 1921 à 1926.

d) *Conditions et modes de payement des dommages par l'Allemagne.*

Les conditions de ce payement sont expressément insérées dans la partie VIII et ses annexes et dans la partie IX du traité.

Aux termes de l'article 234, la Commission des réparations établira « un état de payement en prévoyant les époques et les modalités de l'acquittement par l'Allemagne de l'intégralité de sa dette, dans une période de trente ans à dater du 1er mai 1921. Au cas, cependant, où, au cours de ladite période de trente ans, l'Allemagne manquerait à l'acquittement de sa dette, le règlement de tout solde restant à payer pourra être reporté aux années suivantes à la volonté de la Commission ou pourra faire l'objet d'un traitement différent dans telles conditions que détermineront les Gouvernements alliés et associés, agissant suivant la procédure prévue à la présente partie du traité. ».

Après étude des ressources et capacités de l'Allemagne, la Commission aura encore, d'après l'article 234, « tous pouvoirs pour étendre la période et modifier les modalités de payement à prévoir en conformité de l'article 234. Mais elle ne pourra faire remise d'aucune somme sans l'autorisation spéciale des divers Gouvernements représentés à la Commission ».

Elle devra toutefois, d'après le paragraphe 12 de l'annexe 2, faire en sorte que tous les revenus de l'Allemagne, y compris les revenus destinés au service ou à l'acquittement de tout emprunt intérieur, soient affectés, par privilège, au payement des sommes dues par elle à titre de réparations et s'assurer qu'en général le régime fiscal allemand est aussi lourd, proportionnellement à la population, que celui d'une quelconque des Puissances représentées à la Commission.

En somme, si la totalité de la dette de l'Allemagne doit être fixée au 1ᵉʳ mai 1921 et, en principe, être acquittée complètement en trente années, le délai et le montant des payements qui seront successivement effectués par l'Allemagne ne seront nullement fixés dès 1921. Ce sera à la Commission des réparations de les déterminer chaque année, si elle le juge bon, d'après les ressources de l'Allemagne.

Il est simplement indiqué dès maintenant que l'Allemagne devra verser pendant les années 1919, 1920 et les quatre premiers mois de 1921, en autant de versements et suivant telles modalités que la Commission des réparations pourra fixer, l'équivalent de 20 milliards de marks or, s'appliquant par priorité aux frais d'entretien des troupes d'occupation et au ravitaillement de l'Allemagne, et, pour le surplus, à l'amortissement de la dette de l'Allemagne envers les Alliés.

***

Quels sont, d'autre part, les différents éléments qui entreront en ligne de compte pour le payement de cette dette en dehors des versements en espèces et des restitutions?

1° L'Allemagne accepte, par l'article 236, que ses ressources économiques soient directement affectées aux réparations.

Elle s'engage donc à fournir notamment :

Tous ses bateaux marchands, y compris ceux de ses ressortissants, de 1 600 tonnes brut et au-dessus;

Moitié de ceux qui jaugent entre 1 000 et 1 600 tonnes;

Le quart des chalutiers à vapeur et bateaux de pêche, le cinquième des bateaux fluviaux;

Des animaux, machines, équipements, tours, etc., équivalant aux animaux, machines, matériaux enlevés par l'Allemagne et qui n'ont pu être restitués après identification;

Des matériaux de construction, machines, appareils de chauffage, meubles, etc., dans la proportion que déterminera la Commission des réparations;

Une quantité annuelle fixe de 7 millions de tonnes de charbon pendant dix ans, plus une quantité décroissante variant entre 20 et 8 millions de tonnes par an pendant dix ans;

35 000 tonnes de benzol, 50 000 de goudron de houille, 30 000 de sulfate d'ammoniaque pendant trois ans;

La moitié des stocks allemands en matières colorantes et produits chimiques pharmaceutiques;

Le quart de la production annuelle des mêmes matières pendant cinq ans;

Les câbles ou portions de câbles énumérés à l'annexe 7;

2° Elle nous abandonne :

— Le solde disponible dans la liquidation des biens, droits et intérêts des ressortissants allemands dans les pays alliés et associés;

— La valeur des biens et intérêts appartenant à l'Empire allemand, aux Etats allemands ou aux personnes de la famille royale dans les pays cédés par l'Allemagne aux Puissances alliées et associées, sauf en ce qui concerne l'Alsace-Lorraine, les pays cédés à la Belgique et aux Etats mandataires;

— Les droits et intérêts allemands dans les entreprises d'utilité publique et les concessions en Russie, en Chine, en Autriche, en Hongrie, en Bulgarie et en Turquie;

— Les créances de l'Allemagne sur l'Autriche, la Hongrie, la Bulgarie et la Turquie.

Enfin, tous autres modes de payement pourront être exigés de l'Allemagne par la Commission des réparations, par exemple la main-d'œuvre allemande, s'il en est fourni.

e) *Garanties.*

Quelles sont, en dehors des gages déjà en possession des Alliés et qui se trouvent dans l'énumération que nous venons de faire, les garanties de payement données aux Puissances alliées et associées?

Elles consistent :

1° Dans le privilège de premier rang établi sur tous les biens et ressources de l'Empire et des Etats allemands;

2° Dans l'interdiction pour le Gouvernement allemand de pouvoir ni exporter de l'or, ni en disposer, ni autoriser qui que ce soit à en disposer jusqu'au 1ᵉʳ mai 1921;

3° Dans l'émission de 60 milliards de marks or, en bons au porteur, dont la première tranche, de 20 milliards, doit être émise immédiatement et sera remboursable sans intérêts avant le 1ᵉʳ mai 1921; dont la seconde, de 40 milliards, portera intérêts à 2 1/2 p. 100 entre 1921 et 1926, et à 5 p. 100 à partir de 1926, plus 1 p. 100 pour amortissement;

4° Dans un engagement écrit d'émettre, à titre de nouveau versement, lorsque la Commission des réparations le jugera bon, 40 autres milliards de marks or, en bons au porteur portant intérêts à 5 p. 100;

5° Dans l'ensemble des dépôts or effectués à la Reichbank par la Dette publique ottomane, par le Gouvernement austro-hongrois;

6° Dans l'obligation acceptée par l'Allemagne de maintenir ou de promulguer toute législation nécessaire pour assurer la complète exécution des clauses de réparations;

7° Dans toutes les mesures de prohibitions et de représailles économiques et financières et, en général, dans toutes les autres mesures que les Gouvernements alliés et associés pourraient estimer nécessitées par les circonstances et que l'Allemagne s'engage à ne pas considérer comme des actes d'hostilité.

II

Etant donné l'ensemble de ces mesures prévues par le traité de paix pour assurer la réparation des dommages, quelle va être la situation particulière de la France?

Tout d'abord, à quel chiffre pourra s'élever le montant des réparations qui lui sont dues d'après le traité?

D'après des évaluations qui ont été fournies par le Gouvernement, mais qui demeurent soumises à des variations, se produisant au jour le jour et qui peuvent les augmenter sensiblement, on a provisoirement évalué :

Francs.

Les sommes nécessaires pour la reconstitution des régions envahies à . . . . (1)	85 000 000 000
Les remboursements d'allocations militaires à	13 275 000 000
ceux des frais d'assistance aux prisonniers de guerre à	154 000 000
Le montant des réparations dues pour dommages causés dans leur personne aux civils et aux prisonniers de guerre à . . .	1 000 000 000
Le montant des prélèvements, amendes ou exactions similaires à	3 000 000 000
et le montant capitalisé des pensions militaires à	60 000 000 000
on arriverait ainsi au total de . .	162 429 000 000

qui sera certainement inférieur à la réalité.

D'après l'article 237 du traité, la répartition des sommes versées par l'Allemagne sera faite « par les Gouvernements alliés et associés suivant les proportions déterminées par eux à l'avance et fondées sur l'équité et les droits de chacun ». Ce texte fort vague a besoin d'être complété par une convention conclue entre les Alliés pour en fixer l'interprétation.

(1) Chiffre donné à la Commission par M. le Ministre de la Reconstitution industrielle, mais que M. le rapporteur Louis Dubois a porté, devant la Chambre des députés, à 134 milliards, ce qui élèverait à 200 milliards le total du compte.

Des évaluations fournies par le Gouvernement, il résulterait que les dommages subis par l'ensemble des Puissances alliées ou associées se répartirait *grosso modo* ainsi :

France, 162 milliards;
Belgique, 23 milliards;
Angleterre, Italie, Serbie, Roumanie, Etats-Unis, 107 milliards;
Russie, mémoire.

En somme, environ 300 milliards.

La part de la France serait donc d'à peu près 55 p. 100.

Devant une telle situation, il est indispensable qu'un droit de priorité soit reconnu à la France en ce qui concerne les réparations destinées à la reconstitution de ses régions envahies et dévastées.

En effet, qu'allons-nous toucher en acompte sur la somme énorme de 162 milliards précitée dont une grande partie réclame une couverture à brève échéance?

Nous avons dit que le Gouvernement nous avait indiqué que la somme nécessaire à la restauration des pays envahis atteindrait au moins et dépasserait sans doute 85 milliards. S'il est vrai qu'une telle somme ne sera pas exigible du jour au lendemain, il ne l'est pas moins que, rapidement, nous aurons des payements importants à opérer. Sans parler des travaux d'une urgence immédiate qu'exigent la reconstruction et la réparation des ouvrages ou immeubles appartenant au domaine public de l'Etat, des départements et des communes (chemins de fer, routes, canaux, ports fluviaux, édifices publics, etc.), nous sommes tenus, aux termes de l'article 44 de la loi du 17 avril 1919 sur la réparation des dommages de guerre, à verser aux sinistrés qui procéderont au remploi un premier acompte de 25 p. 100 sur la somme allouée pour les pertes qu'ils ont subies, deux mois après qu'ils auront été nantis des titres constatant leurs droits.

Aux termes mêmes du traité de paix, la constatation des pertes, leur admission par la Commission des réparations doivent être constituées assez à temps pour que notification en soit faite au Gouvernement allemand le 1ᵉʳ mai 1921 au plus tard, comme représentant le total de ses obligations. Donc, on doit compter qu'avant le 1ᵉʳ mai 1921, le Trésor français aura déboursé les susdits 25 p. 100. En admettant qu'il ne soit fait de remploi qu'à concurrence de 75 p. 100 de l'ensemble des réclamations, c'est une somme de 10 à 15 milliards que nous aurons déboursée. Or, qu'aurons-nous reçu à valoir pour faire face à de telles obligations?

Sur les 20 milliards de marks or ou 25 milliards de francs que l'Allemagne va immédiatement verser, de 1919 à 1921, en or, marchandises, navires, valeurs ou autrement, en exécution de l'article 235 du traité, devront être prélevées d'abord, on se le rappelle, les dépenses d'entretien des troupes d'occupation de la rive gauche du Rhin depuis l'armistice du 11 novembre 1918 et les dépenses de ravitaillement de l'Allemagne. Le surplus seulement sera affecté à l'amortissement de la première émission de 20 milliards de bons spéciaux.

D'après les renseignements fournis par le Gouvernement, les dépenses d'occupation depuis le 11 novembre 1918 jusqu'à la signature de la paix, se seraient élevées à 600 millions par mois, soit 4 milliards 800 millions.

Quelle somme atteindront-elles de juin 1919 à mai 1921? Il nous est difficile de l'indiquer. Toutefois, le Gouvernement estime qu'additionnées avec les dépenses de ravitaillement de l'Allemagne les dépenses d'occupation de la rive gauche du Rhin formeront un total d'environ 10 milliards de marks or, soit 12 milliards et demi de francs.

Resteraient donc disponibles sur le premier versement de 20 milliards de marks or, 10 milliards, soit 12 milliards 1/2 de francs. Les Puissances alliées auront ainsi à se partager, jusqu'au 1er mai 1921, 10 milliards de marks or versés en or ou en nature.

Mais, sur ces 12 milliards 1/2 de francs, aux termes d'un arrangement du 26 juin 1919, signé de MM. Clemenceau, Wilson, Lloyd George et Sonnino, les Alliés ont décidé que seraient attribués par priorité 2 milliards 1/2 de francs à la Belgique, à valoir sur les réparations qui lui sont dues, ce pays devant jusqu'en 1921 toucher en dehors de ces 2 milliards 1/2, sa part sur les versements de l'Allemagne. Par suite, jusqu'au 1er mai 1921, la France et ses Alliés n'auront à se partager que 10 milliards de francs en or ou en nature. Nous n'aurons donc à recevoir pour notre part que 55 p. 100 de ces 10 milliards, soit

5 milliards 5oo millions, de 1919 à 1921, alors que nos besoins ne seront pas inférieurs à une somme de 10 à 15 milliards pour les réparations et à 4 milliards par an pour les pensions militaires, sans compter les pensions civiles de guerre. Encore cette somme nous sera-t-elle versée presque entièrement en nature.

*
* *

En dehors de ces prévisions, la France, à partir du 1ᵉʳ mai 1921, verra, chaque année, fixé par la Commission des réparations, le montant des versements qui devront lui être faits par l'Allemagne.

Elle profitera de sa part dans tous les éléments d'amortissement de la dette allemande que nous avons énumérés; elle bénéficiera en outre :

En *Alsace-Lorraine*, des biens et propriétés appartenant à l'Empire allemand, aux Etats allemands, ou aux personnes de la famille royale;

De la cession par l'Allemagne soit de remorqueurs et bateaux, soit de parts d'intérêts dans les sociétés allemandes de navigation *sur le Rhin*;

Des installations que les nationaux allemands ou les sociétés allemandes possédaient *dans les ports de Rotterdam* en août 1914 ainsi que des participations ou intérêts que l'Allemagne ou ses ressortissants avaient, à la même date, dans ces installations.

Dans la Sarre, des mines, franches et quittes de toutes charges;

Au Maroc, de la valeur des actions représentant la part de l'Allemagne dans le capital de la Banque d'Etat du Maroc.

Il est impossible d'évaluer actuellement ce que pourra représenter cet ensemble de payements en matières, mais, quand bien même il représenterait une valeur importante, il reste à la France la nécessité de trouver en espèces les ressources indispensables pour faire face aux engagements que lui imposent la loi sur les dommages, celle sur les pensions, et le service de ses emprunts.

Comment trouvera-t-elle les ressources nécessaires?

Elle sera en possession, en 1921 : 1° de la part qui lui reviendra sur les 40 milliards de marks or prévus par le traité, soit environ 27 milliards et demi de francs, mais la réalisation en est forcément très aléatoire tant que des accords précis n'auront pas été passés entre les Alliés; 2° de l'engagement écrit par l'Allemagne d'émettre 40 autres milliards de marks or à une époque x. Un tel engagement ne saurait prêter dès à présent à une opération de finances

Par le fait que l'ensemble de la dette allemande ne sera pas, dès 1921, traduit en obligations négociables, la France se trouve, en somme, avec une créance dont, pour une part minime seulement, elle peut tirer parti, et en face d'obligations précises auxquelles elle devra faire face chaque année à échéances strictement fixées.

Nous sommes donc rigoureusement conduits à cette conclusion, qu'il faut, entre les Alliés et la France, envisager la mise en commun de leurs crédits, qui seule pourra nous permettre de faire face à nos charges.

CHAPITRE VII

CLAUSES ÉCONOMIQUES

Partie X, articles 264 a 313 du traité

Les clauses économiques tiennent, comme il convient, une place importante dans le traité de Versailles. Elles se développent en huit sections et comprennent cinquante articles, en y joignant les textes concernant les zones franches de la Haute-Savoie et du Pays de Gex, accompagnés de plusieurs annexes.

Nous les avons divisés en deux sous-chapitres. Le premier comprend les sections I, II et VII, relatives aux relations commerciales et aux traités. Le second, les sections III, IV, V et VI relatives au règlement des intérêts privés.

Sections I, II, VII

I

Réglementation, taxes, et restrictions douanières. (Art. 264 à 270.)

Les dispositions inscrites à ce chapitre ont

une portée considérable en ce qui concerne le régime économique de la période transitoire qui va s'ouvrir avec la mise en vigueur du Traité de Versailles.Elles consacrent le bénéfice de la clause générale du traitement de la nation la plus favorisée, imposée à l'Allemagne en faveur de l'ensemble des Etats alliés ou associés. Cette clause s'applique notamment :

Aux droits d'entrée perçus à l'importation en territoire allemand sur les marchandises,produits naturels et fabriqués; aux mesures de prohibition ou de restriction qui pourraient être édictées à cet égard; aux moyens indirects qui pourraient être employés en matière de réglementation ou de procédure douanière dans le but de favoriser certaines importations étrangères, etc.

Aux droits de sortie ainsi qu'aux prohibitions ou restrictions à l'exportation que le Gouvernement allemand pourrait introduire ultérieurement dans sa législation intérieure.

Le caractère général de ces obligations rigoureuses est nettement exposé dans le texte de l'article 267 : « Toute faveur, immunité ou privilège concernant l'importation,l'exportation ou le transit des marchandises, qui serait concédé par l'Allemagne à l'un quelconque des Etats alliés ou associés ou à un autre pays étranger quelconque, sera simultanément et inconditionnellement, sans qu'il soit besoin de demande ou de compensation, étendu à tous les Etats alliés et associés. »

Ces conditions ne comportent aucune réciprocité de traitement à l'égard de l'Allemagne. Les

Etats alliés et associés gardent l'entière maîtrise de leurs tarifs douaniers et demeurent libres de soumettre l'importation, sur leurs territoires respectifs, des produits allemands au régime que chacun d'eux jugera nécessaire ou équitable.

Mais ces clauses sont prévues seulement pour une durée de cinq ans après la date de la mise en vigueur du traité,« à moins que (art. 280) le Conseil de la Société des Nations ne décide, douze mois au moins avant l'expiration de cette période, que ces obligations seront maintenues pour une période subséquente avec ou sans amendement ».

Une exception heureuse aux dispositions précédentes est prévue en faveur de l'Alsace et de la Lorraine réunies à la France (art. 267 et 268). Pendant une période de cinq années, les produits naturels ou fabriqués, originaires ou en provenance de leurs territoires, seront reçus à leur entrée sur le territoire douanier allemand en franchise de tous droits de douane.

Une stipulation de même nature est prévue, pour une durée de trois années, en faveur des territoires polonais ayant fait avant la guerre partie de l'Allemagne.

L'éventualité d'un traitement analogue est également envisagée en ce qui concerne le Grand-Duché de Luxembourg.

La quotité des droits d'entrée que l'Allemagne pourra appliquer aux marchandises expédiées sur son territoire des pays alliés ou associés, au lendemain de la paix et pendant une période déterminée, est réglée par les dispositions insérées à l'article 269.

Pendant un délai de six mois à dater de la

mise en vigueur du traité du 28 juin, les taxes imposées par l'Allemagne à ces importations ne pourront être supérieures aux taxes les plus favorables qui étaient en application à la date du 31 juillet 1914.

Par conséquent, le Gouvernement allemand ne pourra, pendant cette période de six mois, relever le taux des articles de son tarif général qui n'ont été l'objet d'aucune convention spéciale avant le 1er août 1914 ni modifier les droits conventionnels qui étaient en vigueur à ce moment.

La stabilisation momentanée des taxes en question garantit, sur plusieurs points, l'industrie française et notamment la fabrique lyonnaise des soieries pures, contre une aggravation des droits déjà excessifs que l'Allemagne leur appliquait avant l'ouverture des hostilités.

Ce délai de six mois, applicable à la totalité des marchandises importées en Allemagne par les Alliés, sera prolongé de trente mois à l'égard de plusieurs catégories de produits spécialement désignés au traité.

Ce sont :

1° Les marchandises comprises dans la nomenclature de la section A du tarif allemand du 25 décembre 1902, qui jouissaient de droits conventionnels, fixés par traités, à la date du 31 juillet 1914.

Cette extension de durée profitera particulièrement aux produits agricoles, horticoles, et aux fourrages compris dans cette catégorie. L'Italie en récoltera le profit le plus important;

2° Les vins et les huiles végétales, de toute espèce, la soie artificielle et la laine lavée ou dégraissée ayant fait ou non l'objet de conventions spéciales avant le 31 juillet 1914.

La France y trouvera un profit certain pour ses vins mousseux et ses huiles végétales et la Belgique pour ses envois de soie artificielle et de laine lavée en territoire germanique.

Traitement de la navigation.

Les clauses du traité relatives aux conditions de la navigation maritime se réduisent à trois articles :

1° Régime de la pêche, du cabotage et du remorquage dans les eaux territoriales allemandes pour les navires et bateaux des Puissances alliées ou associées. C'est, sans plus, le traitement général de la nation la plus favorisée.

2ª Droits d'inspection et de police dans la mer du Nord.

L'Allemagne accepte que ces droits soient exercés uniquement par des bâtiments portant pavillon des Puissances alliées lorsqu'il s'agira de leurs propres bateaux de pêche, malgré toute stipulation contraire contenue dans les conventions relatives aux pêcheries et au trafic des liqueurs dans la mer du Nord;

3° Enfin, une disposition spéciale, souscrite par toutes les parties contractantes, consacre la reconnaisance par elles du pavillon des navires de toute Puissance alliée ou associée dépourvue de littoral maritime, lorsque ces bâtiments sont enregistrés en un lieu unique déterminé, situé sur le territoire de l'Etat intéressé. Ce lieu servira à ces navires de port d'enregistrement.

Cette stipulation pourra jouer éventuellement en faveur de la Pologne, de la République Tchéco-Slovaque ou du Royaume des Serbes, Croates et Slovènes.

Concurrence déloyale.

Les stipulations insérées à ce chapitre ont pour but d'assurer la loyauté des opérations commerciales, de démasquer les contrefacteurs de marques de fabrique ou de commerce, de protéger les appellations d'origine et d'exercer dans chaque pays contractant des poursuites judiciaires contre les fabricants ou les négociants malhonnêtes usant de tromperie sur la nature, la qualité ou l'origine des produits livrés par eux à une clientèle crédule ou indifférente.

Aucun pays n'a souffert plus que la France de ces procédés coupables, mis en œuvre à l'étranger contre les articles finis de ses riches industries ainsi qu'au détriment de ses produits de crus réputés.

Traitement des ressortissants des Puissances alliées et associées. (Art. 276 à 279.)

Après le règlement des questions relatives aux choses viennent les dispositions s'appliquant aux personnes.

Pour les ressortissants des pays alliés, c'est l'établissement ou le rétablissement du traitement de la nation la plus favorisée en ce qui

concerne l'exercice des métiers, des professions,
du commerce et des industries.Aucune exclusion
ne peut leur être opposée qui ne serait pas applicable à tous les étrangers sans exception. Même
régime au point de vue des règlements et des restrictions quelconques pouvant être édictés dans
ce domaine. Même traitement au regard de leurs
biens, droits ou intérêts et des charges, taxes et
impôts directs ou indirects dont ils pourraient
être grevés. Enfin,interdiction de leur appliquer
aucune restriction qui n'existait pas à leur encontre avant le 1ᵉʳ juillet 1914, à moins que la
même restriction soit appliquée,en même temps,
par l'Allemagne à ses propres nationaux.

Ces conditions auront, en principe, une durée
de cinq ans. Toutefois, elles demeureront en vigueur après cette première période, avec ou sans
amendement, pour telle période nouvelle que
fixera la majorité du Conseil de la Société des
Nations et qui ne pourra dépasser cinq années.

Pour les habitants des territoires détachés de
l'Allemagne « par les lois des Puissances alliées»,
particulièrement pour l'Alsace-Lorraine, le Gouvernement allemand s'engage à reconnaître leur
nouvelle nationalité et à dégager, à tous les
points de vue, ses anciens ressortissants de toute
allégeance vis-à-vis de leur Etat d'origine.

Enfin, les Puissances alliées auront le droit
de nommer des consuls généraux, des consuls
et autres agents consulaires dans les villes et les
ports de l'Allemagne. Celle-ci devra, après notification de leur désignation,les admettre à l'exercice de leurs fonctions, conformément aux règles et aux usages habituels.

Toutes ces dispositions sont excellentes. Pour qu'elles portent tous leurs fruits, il suffira de veiller à leur parfaite exécution.

Traités. (Art. 282 à 295.)

La thèse que les traités sont abolis du fait de la guerre fait aujourd'hui jurisprudence. La Commission économique avait délégué à une sous-commission des traités économiques la charge d'examiner « quelles sont les conventions d'ordre économique auxquelles des ennemis étaient parties et qui devraient être soit remises en vigueur, soit abrogées ». Le travail préparé par cette sous-commission, puis revisé par la Commission économique, a pris place dans le traité, articles 282 à 295. La rédaction avait été précédée d'une étude approfondie des diverses conventions · envisagées, tant plurilatérales (unions) que bilatérales. Plusieurs d'entre elles présentent un caractère à la fois politique et économique; la sous-commission a décidé de tenir hors de son programme celles où le caractère politique lui a paru dominant : actes de Berlin et de Bruxelles, actes d'Algésiras. Elle a émis un avis favorable au maintien provisoire d'une convention mixte, celle de Berne, du 14 octobre 1890, sur le transport international des marchandises par chemins de fer (et non des voyageurs, bagages et marchandises, comme le dit, par erreur, le texte du rapport de la sous-commission, p. 5). Elle a donné la liste motivée des Unions à faire revivre; cette liste, sous forme de simple énumération, figure dans les articles 282 à 287 du traité; elle est limitative; le rapport précise que la sous-commission a laissé délibérément tomber la convention des sucres.

La remise en vigueur de ces Unions comporte certaines précautions et dispositions nouvelles. Ainsi, l'Allemagne n'exercera aucun droit d'ins--pection et de police, dans la mer du Nord, sur les bateaux de pêche des Alliés (dérogations aux conventions de 1882, 1887, 1889, 1893, 1894). Elle doit accepter des règles qui lui seront indiquées par les Alliés pour l'exécution de la convention de 1912 sur les relations radiotélégraphiques internationales.

Les Puissances alliées et associées ont, en somme, tenu, tout en s'accordant mutuellement les garanties d'une action commune contre l'Allemagne, à ménager l'entière liberté de chacune d'elles. Elles ont eu soin de spécifier, vis-à-vis de l'Allemagne, les droits des nouveaux Etats, qui sont désormais qualifiés pour entrer de plain-pied dans les Unions internationales. Le vœu a été exprimé par la sous-commission que celles des Puissances alliées et associées qui n'auraient pas encore adhéré à certaines Unions veuillent bien étudier l'opportunité de ces adhésions.

Quant aux conventions bilatérales (art. 289), chacune des Puissances alliées et associées garde toute sa liberté de notifier à l'Allemagne celles dont elle exige la remise en vigueur. Ces Puissances s'engagent entre elles à ne reprendre avec l'Allemagne que les conventions conformes aux stipulations du traité; elles accusent ainsi à la fois leur solidarité entre elles et leurs com-

munes résolutions d'exercer tous leurs droits
vis-à-vis de l'Allemagne, sans réciprocité.

S'il y a litige sur des dispositions à ne pas remettre en vigueur comme contraires au traité,
la Société des Nations sera appelée à se prononcer.

Quelques-uns des articles les plus importants
sont relatifs à l'application de la clause de la nation la plus favorisée. L'Allemagne doit reconnaître ce traitement, de plein droit, aux Puissances alliées et associées, ainsi qu'à leurs fonc-
tionnaires et ressortissants, pour toutes les conventions passées par elles, soit avec ses propres
alliés avant le 1ᵉʳ août 1914, soit avec des États
non belligérants ou neutres depuis cette date.
Tous accords passés pendant la guerre entre l'Allemagne, d'une part, et ses alliés, de l'autre,
ainsi qu'entre l'Allemagne, d'une part, la Russie
ou la Roumanie de l'autre, sont formellement
abrogés (art. 291, 292, 293). Il est intéressant
de relever que l'article 293 annule toutes concessions, privilèges et faveurs, de quelque nature
que ce soit, dont auraient bénéficié l'Allemagne
ou des ressortissants allemands en Russie depuis le 1ᵉʳ août 1914.

Propriété industrielle. (Art. 306 à 311.)

Les articles relatifs à la propriété industrielle
sont d'une extrême complexité.

Nous noterons seulement la remise en vigueur
des conventions de Paris (1883) et Berne (1886)
et des conventions annexes. Les Puissances alliées et associées demeurent libres de restreindre,

sur leur domaine, les droits de propriété industrielle, littéraire et artistique des ressortissants allemands, si la nécessité nationale les y contraint, ou s'il y a lieu d'exercer de cette manière une pression pour obliger l'Allemagne soit à protéger chez elle les droits des ressortissants alliés, soit à exécuter les conditions générales du traité.

Cette disposition mérite entre toutes d'être relevée.

Notons également que les Etats-Unis ont refusé d'accepter, en ce qui les concerne, les dispositions de l'article 209 accordant une amnistie générale et réciproque pour les infractions qui auraient été commises pendant la guerre au droit de propriété industrielle et artistique.

Les habitants des territoires séparés de l'Allemagne conserveront les droits de propriété industrielle et artistique en Allemagne dont ils étaient titulaires suivant la législation allemande au moment de la séparation. Ceci doit s'entendre notamment aussi bien de la Pologne que de l'Alsace-Lorraine.

Zone franche du pays de Gex et de la Haute-Savoie. (Art. 435 et annexe.)

L'article 435 du traité de paix vise, en ses deux alinéas, des zones territoriales de caractères différent. D'une part, en effet, il se réfère à la zone neutralisée de la Haute-Savoie, et, d'autre part, aux zones franches de la Haute-Savoie et du pays de Gex. La première question a été étudiée au chapitre des clauses militaires, la seconde seule nous intéresse ici.

Par les dispositions inscrites à l'article 435, les Puissances signataires déclarent qu'elles renoncent aux droits qu'elles tenaient des traités de 1815 et 1816 sur les territoires visés. Elles déclinent désormais tout intérêt direct au maintien ou à la suppression du régime qui les affecte.

Ces stipulations, disent-elles, « ne correspondent plus aux circonstances actuelles et il appartient à la France et à la Suisse de régler entre elles, d'un commun accord, le régime de ces territoires dans les conditions jugées opportunes par ces deux pays ». Elles n'auront pas à intervenir dans les conventions y relatives.

Seules, en effet, la France et la Suisse sont intéressées au règlement de cette question. La levée de toute hypothèque étrangère sur notre territoire national, — hypothèque qui ne s'explique en ce moment par aucune raison plausible, — favorisera l'entente économique désirable entre les deux républiques voisines.

II

Les clauses économiques imposées à l'Allemagne par le traité de paix sont satisfaisantes dans leur ensemble. Malgré la rigueur de certaines d'entre elles, elles sont justes, parce qu'elles concourent aux réparations légitimes exigées de l'ennemi pour les dévastations systématiques et odieuses auxquelles il s'est livré dans nos régions envahies.

Plusieurs des Etats alliés, et la France en particulier, se trouvent, de par les actes illégaux et coupables de l'Allemagne, dans une position de redoutable infériorité économique. Il faut que, pendant une certaine période, ces pays puissent jouir de toute leur liberté commerciale. Il faut, d'autre part, que ces mêmes pays ne puissent pas être victimes de préférences spéciales accordées par l'Allemagne, dans son intérêt particulier, à tels ou tels autres Etats. Sans cela, l'Allemagne recueillerait, malgré sa défaite, le bénéfice, qu'elle avait escompté, des destructions méthodiques de l'industrie des pays occupés par elle.

Pendant la période nécessaire à la renaissance de notre vie économique, il aurait été contraire à toute justice que l'Allemagne fût traitée sur un pied d'égalité avec les autres nations.

Ainsi se justifient pleinement les conditions imposées à l'Allemagne par les articles 264 à 270 pendant une période *minima* de cinq ans.

L'article 280 ajoute que cette durée pourra éventuellement être prorogée, pour une nouvelle période, par décision du Conseil de la Société des Nations, notifiée à l'Allemagne douze mois au moins à l'avance.

Votre Commission est unanime à penser que le premier délai de cinq ans sera certainement insuffisant pour permettre la reconstitution industrielle de la France et elle invite le Gouvernement à se préoccuper de ne pas laisser s'écouler les délais accordés par l'article 280, afin de pouvoir présenter en temps utile la demande de prorogation qui lui paraîtra nécessaire, devant le Conseil de la Société des Nations.

La durée de dix années pour la réparation des dommages éprouvés par la France a été d'ailleurs admise par l'Allemagne, au moins sur un point. L'Allemagne s'est, en effet, engagée (annexe 5 § 2) à livrer « chaque année à la France une quantité de charbon égale à la différence entre la production annuelle, avant la guerre, des mines du Nord et du Pas-de-Calais, détruites du fait de la guerre, et la production du bassin couvert par ses mines pendant l'année envisagée. *Cette dernière fourniture sera effectuée pendant dix ans.* »

Le principe admis sur ce sujet peut raisonnablement être invoqué pour d'autres nécessités analogues.

C'est dans le même esprit qu'a été réglée la question du régime douanier applicable aux produits alsaciens et lorrains à leur entrée en Allemagne. Il y avait pour nous un intérêt de premier ordre à ce que, pendant un certain temps, les produits de l'industrie alsacienne et lorraine pussent conserver leurs débouchés en Allemagne, afin de ne pas placer brusquement les industries similaires d'autres régions de la France, cruellement éprouvées, dans une situation d'infériorité. Une période d'adaptation est indispensable pour permettre à l'industrie alsacienne et lorraine de se fondre de plus en plus dans l'industrie française. Là encore il nous faudra veiller attentivement à la prolongation nécessaire du délai.

*
**

Les clauses économiques du traité doivent, pour être comprises dans toute leur portée, se combiner avec l'article 23 du Pacte de la Société des Nations. Cet article, après avoir posé le principe d'un traitement *équitable* du commerce de tous les membres de la Société, stipule explicitement l'obligation de tenir compte *des nécessités spéciales des régions dévastées pendant la guerre.*

Peut-être est-il utile à ce point de vue de rappeler ici les résolutions adoptées par la Conférence économique interalliée de juin 1916 et parmi elles la résolution 3 du titre B (mesures transitoires) : « Les Alliés se déclarent d'accord pour conserver pour les pays alliés, avant tous autres, leurs ressources naturelles pendant toute la période de restauration commerciale, industrielle, agricole et maritime, et, à cet effet, s'engagent à établir des arrangements spéciaux qui faciliteraient l'échange de ces ressources. »

D'autre part, le chapitre 3 du titre B des mêmes résolutions prévoit que des « débouchés compensateurs » pourront être assurés à ceux des Alliés dont certaines clauses du traité de paix entraveraient les exportations.

Il y a là, en dehors du traité lui-même, un ensemble de dispositions conformes à la stricte justice et dont il appartiendra au Gouvernement d'invoquer les principes et de faire admettre les applications dans toute la rigueur nécessaire au salut de notre production nationale

Sections III, IV, V, VI

I

Le règlement des *intérêts privés* entre sujets alliés et ressortissants des Puissances ennemies, qui comprennent les dettes et créances, les biens et les contrats, est fixé par les sections 3, 4, 5 et 6 des clauses économiques.

Il doit s'effectuer d'après les principes suivants :

Pour les dettes et créances, le règlement en est opéré, soit par un office dit de compensation créé dans chaque pays, soit directement par les intéressés, chaque pays allié devant choisir entre ces deux modes de règlement dans le mois qui suivra la mise en vigueur du traité. L'Allemagne doit acquitter le solde débiteur; le solde créditeur, au contraire, est retenu par l'Etat allié en garantie de ce qui peut être dû à ses ressortissants. L'Allemagne demeure chargée d'indemniser comme elle l'entendra ses propres ressortissants.

Pour les biens, l'Allemagne doit restituer les biens situés chez elle, soit en nature, soit sous forme d'indemnités. Les biens allemands situés en pays alliés ou associés (art. 297) sont liquidés et leur produit est affecté d'abord au payement des indemnités dues aux sujets alliés, ensuite, au payement des indemnités à réclamer aux alliés de l'Allemagne.

En somme, tout l'actif pouvant revenir à l'Allemagne, du chef des créances de ses ressortissants ou de la liquidation de leurs biens, est conservé ou liquidé par les Alliés comme un gage répondant des obligations de l'Allemagne et de ses alliés.

Quant aux contrats (articles 298 et 299), ils sont en principe annulés. Toutefois, les Gouvernements alliés et associés peuvent, dans un intérêt général, demander le maintien et l'exécution de certains contrats. D'autre part, des contrats tels que la vente légale, l'hypothèque, etc., sont maintenus. Enfin, en Alsace-Lorraine, le maintien des contrats est la règle et l'annulation l'exception.

Des dispositions spéciales sont du reste prises aussi bien en Alsace-Lorraine que dans les pays dévastés. En Alsace-Lorraine, les contrats d'assurance, notamment les contrats d'assurance-vie, sont maintenus, et l'Etat allemand doit remettre la réserve mathématique afférente à chaque contrat.

Dans les pays qui ont été envahis, les sommes dues par toute personne ayant subi des dommages de guerre ne seront inscrites sur son compte débiteur que lorsque l'indemnité pour les dommages lui aura été versée.

Si le règlement de ces divers intérêts privés soulève des difficultés ou des conflits, ils sont soumis à un tribunal arbitral mixte dont l'organisation, la composition et le fonctionnement sont réglés à la section 3, annexe 16, du traité de paix.

Constitué entre chacun des pays alliés et l'Allemagne, il est formé de trois membres, dont un président appartenant à une Puissance neutre choisi après accord entre les parties, ou, à défaut d'accord, par le Conseil de la Société des Nations, et, en attendant sa constitution, par M. Ador, qui y consent. Les décisions de ce tribunal sont obligatoires.

II

Le principe en vertu duquel les biens, droits et intérêts des ressortisants allemands en pays alliés répondent des propres obligations de l'Allemagne a été critiqué vivement par celle-ci.

Mais il faut se rappeler d'abord que, tandis que nous avions pratiqué la méthode des séquestres conservatoires pendant la guerre, la plupart de nos alliés, en particulier les Anglais et les Américains, avaient liquidé la plus grande partie des biens et intérêts ennemis existant sur leur territoire.

En outre, les délégués allemands ont eux-mêmes déclaré, dans une première note, que, pour satisfaire à ses obligations pécuniaires, l'Allemagne devait sacrifier ses biens à l'étranger et qu'elle était prête à le faire.

Enfin, sans rappeler les procédés auxquels, pendant la guerre, les Allemands ont eu recours en pays occupé, on peut dire que ce mode d'utilisation des biens allemands ne saurait, ni dans son principe, ni dans son application, être assimilé à une confiscation, puisque le produit des liquidations sera porté au crédit de l'Allemagne, chargée d'indemniser ses ressortissants et vie. dra en déduction de sa dette.

En somme, la situation économique qui va être faite à la France en exécution des clauses du traité est bonne, mais elle n'a pas encore pris ses traits définitifs.

Pour qu'elle soit complètement réglée, il nous faut attendre le résultat des conversations engagées entre les Alliés eux-mêmes. Le Gouvernement nous a donné l'assurance que ces conversations se poursuivaient dans un esprit de parfaite cordialité et de mutuelle justice. Nous ne doutons pas qu'il donne au Sénat lui-même, à ce sujet, des indications définitives.

CHAPITRE VIII

VOIES ET MOYENS DE TRANSPORT

Parties XI et XII, articles 3i3 a 386 du traité

Les parties XI et XII du traité, relatives aux voies et moyens de transport sous toutes les formes, — voies d'eau, chemins de fer, navigation, ports, aéronefs,— renferment des clauses de deux ordres. Les unes se rattachent directement à l'ordre économique, les autres à l'orde politique.

Sans entrer dans le détail de chacun des articles, il nous a paru possible de grouper ainsi l'ensemble des dispositions.

En ce qui concerne la partie des clauses économiques proprement dites, nous relevons deux séries de mesures : les unes, temporaires, sont des mesures de rigueur, sans réciprocité, imposées à l'Allemagne, de manière à permettre à notre industrie comme à notre commerce de se relever. Elles s'inspirent, du reste, des mêmes principes que les clauses économiques générales de la partie X. Ce sont celles des articles 3a1 à 33o, 33a, 365, 367 à 369. Elles garantissent, qu'il s'agisse de voies ferrées, de ports, d'aéronefs, du transport des marchandises ou des personnes, la liberté complète du transit. Aucune entrave, aucun délai, aucune restriction ne peuvent être apportés à tout ce qui, personne ou chose, traverse l'Allemagne à destination ou en provenance des Puissances alliées et associées.

L'Allemagne renonce à l'établissement de toute distinction ou préférence en ce qui concerne tout droit fixe ou prohibition relatifs aux importations dans son territoire ou aux exportations de son territoire. En ce qui concerne les prix des transports, l'usage des ports ou les délais particuliers, le traitement égal appliqué à tous les Alliés devra être le traitement même appliqué par l'Allemagne à ses nationaux.

Dans les ports, les zones franches sont maintenues avec interdiction, pour l'Allemagne, d'établir aucun droit d'importation, d'exportation ou de transit sur les produits transportés à travers le territoire allemand, à destination ou en provenance de la zone franche et en provenance ou à destination d'un autre Etat quelconque.

Toutes ces clauses sont inscrites sous la réserve de l'article 378, qui déclare que « à l'expiration d'un délai de cinq ans à dater de la mise en vigueur du présent traité, les dispositions des articles 321 à 330, 332, 365, 367 à 369 pourront, à tout moment, être revisées par le Conseil de la Société des Nations ».

Le délai de cinq années pendant lequel la réciprocité ne pourra pas être exigée pourra être prolongé par le Conseil de la Société des Nations.

Enfin, la Société des Nations est chargée de régler tout différend pouvant survenir au sujet de l'application de ces dispositions.

*
* *

Mais, le traité prévoit, d'autre part, des clauses permanentes. La première (art. 379) est celle qui oblige l'Allemagne à adhérer à toute convention générale concernant le régime international du transit des voies navigables, des ports et des voies ferrées qui pourrait être conclue entre les Puissances alliées et associées, avec l'approbation de la Société des Nations, dans un délai de cinq années à dater de la mise en vigueur du Traité.

C'est, pour les Alliés, la garantie que l'Allemagne ne pourra pas s'opposer à l'établissement d'une convention générale qui permettra de réaliser cette liberté du transit prévue à l'article 23 du Pacte de la Société des Nations et qui est la base même du développement des échanges internationaux.

La seconde est la création des fleuves internationaux et l'organisation de leur régime.

*
* *

Nous touchons ici à des clauses qui sont, comme nous l'avons signalé au début, à la fois d'ordre économique et d'ordre politique. Nous indiquerons successivement les unes et les autres.

Les fleuves internationaux sont dorénavant l'Elbe, l'Oder, le Niémen, le Danube et, enfin, le Rhin et la Moselle, qui nous concernent particulièrment.

Toutes les fois qu'il s'agit de fleuves traversant plusieurs Etats, des difficultés ne peuvent manquer de surgir, qui peuvent entraîner des conflits d'ordre international. Il est donc indispensable, dans un traité qui cherche à faire disparaître les causes de différends, de régler cete question.

Bien avant la guerre, de nombreux traités avaient été signés entre les Etats riverains d'un même fleuve et, même, des organisations internationales avaient été prévues, par exemple pour le Danube.

Le traité de paix déclare l'Elbe, l'Oder, le Niémen et le Danube internationaux dans toute leur partie navigable. Les biens et pavillons de toutes les puissances y seront traités sur le pied de complète égalité et dans les mêmes conditions que ceux de l'Etat jouissant du traitement le plus favorable, avec cette clause restrictive que les bateaux allemands ne pourront exécuter le transport par lignes régulières entre les ports d'une Puissance alliée ou associée qu'avec des permissions spéciales de celle-ci. Chaque Etat riverain devra assurer le maintien de la navigation dans de bonnes conditions. Un nouveau régime pourra, du reste, être institué par une convention spéciale approuvée par la Société des

Nations. L'Allemagne s'engage, d'ores et déjà, à y adhérer.

Afin d'assurer la traction des bateaux sur les fleuves internationaux, il est stipulé que, dans un délai de trois mois après la notification qui lui en sera faite, l'Allemagne cédera aux Puissances alliées et associées une partie des bateaux et remorqueurs restant immatriculés dans les ports des réseaux fluviaux auxquels s'applique le traité.Elle cédera de même le matériel de toute nature nécessaire aux Puissances alliées pour l'utilisation des réseaux fluviaux, et ce sont les Etats-Unis qui désigneront les arbitres de ces cessions, faites moyennant une indemnité imputable sur les sommes que l'Allemagne doit aux Puissances alliées et associées. (Art. 339.)

Les fleuves internationalisés seront administrés par une Commission administrative internationale. La Commission de l'Elbe comprendra dix membres, dont quatre allemands, deux de l'Etat tchéco-slovaque et un membre pour chacune des Puissances suivantes : Grande-Bretagne, France, Italie et Belgique. La Commission de l'Oder comprendra neuf membres; l'Allemagne n'y sera pas représentée, mais seulement l'Etat allemand intéressé, la Prusse, qui y comptera trois membres; les autres membres seront des représentants de la Grande-Bretagne, de la France, de la Pologne, de la Tchéco-Slavoquie, du Danemark et de la Suède.Quant au Niémen, il ne sera placé sous l'administration d'une Commission internationale que sur requête adressée à la Société des Nations par un Etat riverain.

La Commission européenne du Danube exercera

le pouvoir qu'elle avait avant la guerre, mais, provisoirement, la Grande-Bretagne, la France, l'Italie et la Roumanie feront seules partie de cette Commission. L'Allemagne s'engage à agréer le régime établi pour le Danube.

*
* *

En ce qui concerne le Rhin et la Moselle, la convention de Mannheim du 17 octobre 1868, continuera provisoirement à régler la navigation du Rhin, mais, dans un délai maximum de six mois, la Commission centrale qui avait été prévue par la convention de 1868 devra établir un projet de revision. L'Allemagne s'engage à y adhérer. Certaines modifications seront apportées dès maintenant. Les bateaux de toute nation et leurs chargements jouiront de tous droits et privilèges accordés aux bateaux appartenant à la navigation du Rhin. L'Allemagne cédera à la France, dans les trois mois, soit les remorqueurs et les bateaux prélevés parmi ceux qui resteront immatriculés dans les ports allemands du Rhin, soit des parts d'intérêts dans les sociétés allemandes de navigation. Il en sera de même des installations, postes de stationnement, etc., que les nationaux et les sociétés allemandes possédaient dans les ports de Rotterdam; des participations ou intérêts que l'Allemagne avait dans lesdites installations.

La France aura :

1° Sur tout le cours du Rhin compris entre

les points limites de ses frontières, le droit de prélever sur le débit du Rhin l'eau nécessaire pour l'alimentation des canaux construits ou à construire ou pour tout autre objet, ainsi que d'exécuter sur la rive allemande tous travaux nécessaires pour l'exercice de son droit;

2° Le droit exclusif à l'énergie produite par l'aménagement du fleuve, sous réserve du payement à l'Allemagne de la moitié de la valeur de l'énergie effectivement produite. Des droits analogues pourront être accordés à la Suisse, si elle en fait la demande, pour la partie du fleuve formant sa frontière.

Il y a, dans ces clauses, des avantages économiques sur lesquels il n'est pas besoin d'insister. En particulier, en ce qui concerne la France, elle retrouve sur le Rhin la suprématie, même accentuée, qu'elle avait avant 1870. Le matériel que nous remettra l'Allemagne nous permettra, trois mois après la signature du Traité, de nous constituer une flotte du Rhin qui pourra rendre de grands services à notre industrie. Enfin, le droit que nous avons d'user seuls de l'énergie électrique produite par le Rhin pourra être, au point de vue industriel, d'une grosse importance.

II

De toute cette partie du Traité découlent des avantages politiques certains. Le Danube échappe à l'emprise de l'Allemagne, à ses projets d'accaparement des voies d'accès vers les Balkans, la mer Noire, la Perse et l'Inde. Grâce à l'internationalisation de l'Elbe et de l'Oder, l'Etat tchéco-slovaque pourra accéder aux ports allemands de la mer du Nord et de la Baltique. De plus, par l'article 363, le traité oblige l'Allemagne à céder à l'Etat tchéco-slovaque, pour une période de quatre-vingt-dix-neuf ans, des espaces, qui seront placés, sous le régime des zones franches, dans les ports de Hambourg et de Stettin. Ainsi va naître une nouvelle marine et l'impossibilité pour l'Allemagne de rétablir, dans l'Europe centrale, le monople de fait qu'elle y détenait.

En somme, les mesures imposées à l'Allemagne pour une durée *minima* de cinq ans, en même temps qu'elles seront, pour le développement de nos ports et de notre commerce, particulièrement avantageuses, nous permettront d'asssurer dans les meilleures conditions possibles les relations avec les nouveaux Etats de l'est et du sud: Bohême, Tchéco-Slovaquie, Pays balkaniques.

Quant aux clauses permanentes, elles posent les bases d'une organisation nouvelle du principe de la liberté de navigation et elles assurent à des peuples dont l'indépendance vient d'être proclamée par le traité le libre accès de la mer, en même temps que des communications régulières et faciles avec l'Europe occidentale. Elles promettent d'être pour l'avenir des éléments de paix équitable.

CHAPITRE IX

LE TRAVAIL

Partie XIII, articles 387 a 427 du traité

Il était de toute justice que le Traité de Paix réservât une place importante à la législation internationale du travail. Elle fait l'objet de la partie treizième de ce traité, et y est incluse dans deux sections, sous les articles 387 à 427.

La section première est consacrée à l'organisation du travail. Elle est précédée d'un préambule sous forme de considérants. Le chapitre 1er de cette section vise ce qui est relatif à l'organisation proprement dite, le second chapitre réglemente la procédure, le troisième comprend des prescriptions générales et le quatrième, des mesures transitoires.

Dans la section II, sous le titre « Principes généraux », les Hautes Parties contractantes font une sorte de déclaration destinée à guider la politique sociale de la Société des Nations.

C'est à résumer ces dispositions, qui soulignent le caractère international des problèmes

du travail, c'est à en préciser la portée que doit
s'attacher le présent rapport.

1

Les considérants qui constituent le préambule
de la section première énoncent ce principe que
la justice sociale est la base même de la paix
universelle :

« Attendu, dit ce préambule, qu'il existe des
« conditions de travail impliquant pour un
« grand nombre 'de personnes l'injustice, la mi-
« sère et les privations, ce qui engendre un tel
« mécontentement que la paix et l'harmonie uni-
« verselles sont mises en danger; attendu qu'il
« est urgent d'améliorer ces conditions, par
« exemple, en ce qui concerne la réglementation
« des heures de travail, la fixation d'une durée
« maxima de la journée et de la semaine de tra-
« vail, le recrutement de la main-d'œuvre, la
« lutte contre le chômage, la garantie d'un sa-
« laire assurant des conditions d'existence con-
« venables, la protection des travailleurs contre
« les maladies générales et profesionnelles et les
« accidents résultant du travail, la protection
« des enfants, des adolescents et des femmes,
« les pensions de vieillesse et d'invalidité, la
« défense des intérêts des travailleurs occupés à
« l'étranger, l'affirmation du principe de la li-
« berté syndicale, l'organisation de l'enseigne-
« ment professionnel et technique, et autres me-
« sures analogues;

« Attendu que la non-adoption par une nation
« quelconque d'un régime de travail réellement
« humain fait obstacle aux efforts des autres na-
« tions désireuses d'améliorer le sort des tra-
« vailleurs dans leurs propres pays. »

Ainsi les Hautes Parties contractantes, après
avoir insisté sur l'importance des problèmes sociaux et sur l'urgence de leur solution, font res-
sortir que la non-adoption par une nation d'un
régime de travail conforme aux principes posés
paralyse l'effort des autres peuples et oppose au
progrès social l'entrave de la concurrence économique. « C'est pourquoi, disent encore les
« considérants, les Hautes Parties contractantes,
« mues par des sentiments de justice et d'hu-
« manité, aussi bien que par le désir d'assurer-
« une paix mondiale durable, ont convenu ce
« qui suit :..... »

Pour réaliser ce programme, le Traité de Paix
fonde une organisation permanente, qui est
chargée, dit l'article 387, de travailler à sa réalisation. Les membres originaires de la Société
des Nations sont également membres originaires de cette organisation permanente, et désormais la qualité de membre de la Société des Nations entraînera de plein droit celle de membre
de ladite organisation.

Deux organes sont prévus : une Conférence
générale et un Bureau international du travail.

La Conférence générale est composée de quatre représentants de chacune des parties com-
posant la Société des Nations. Deux de ces re-

présentants seront délégués par le Gouvernement de chaque nation intéressée; les deux autres représenteront respectivement, d'une part,
les employeurs, d'autre part, les travailleurs
ressortissant à chacune des nations. Chacun de
ces délégués votera individuellement.

Le Bureau international du travail est le second organe prévu par le traité. Il sera établi au
siège de la Société des Nations et placé sous la
direction d'un Conseil d'administration composé
de vingt-quatre personnes ainsi désignées: 'douze
personnes représentant les Gouvernements; six
personnes élues par les délégués des employeurs
à la Conférence; six personnes élues par les délégués des travailleurs. « Sur les douze représen-
« tants des Gouvernements, huit seront nom-
« més par les membres dont l'importance in-
« dustrielle est la plus considérable, et quatre
« par les membres désignés à cet effet par les dé-
« délégués gouvernementaux à la Confrence, ex-
« clusion faite des 'délégués des huit membres
« susmentionés ». Les contestations éventuelles
sur cette question seront tranchées par le Conseil de la Société des Nations.

Un directeur, désigné par le Conseil d'administration, et opérant sous son contrôle, sera
placé à la tête du Bureau international du travail.

Au Bureau international du Travail, l'article
396 confie la centralisation et la publication de
toutes les informations concernant la réglementation internationale du Travail. Il lui remet
l'étude 'des questions à soumettre aux discus-

sions de la Conférence en vue de la conclusion des conventions internationales, ainsi que l'exécution de toutes enquêtes spéciales qu'elle aura prescrites.

C'est le Bureau international qui préparera l'ordre du jour des sessions de la Conférence. Il publiera en français et en anglais, et dans telle autre langue que le Conseil d'administration jugera convenable, un bulletin périodique, consacré à l'étude des questions d'ordre international concernant l'industrie et le travail.

Après que le chapitre premier a ainsi constitué les deux organes permanents destinés à suivre et à contrôler le régime international du travail, le chapitre 2 de la section première fixe la procédure dans les article 400 à 420 du traité.

Les résolutions adoptées par la Conférence doivent prendre l'une des deux formes suivantes :

Ou bien celle d'une « recommandation » à soumettre à l'examen des nations, membres de la Société, en vue de faire porter à ladite recommandation son effet utile sous forme de loi nationale ou de tout autre acte de l'autorité publique; ou bien celle d'un projet de convention internationale ratifiée par les membres de la Société des Nations.

Dans les deux cas, la décision de la Conférence devra réunir la majorité des deux tiers des voix des délégués présents.

Les décisions de la Conférence seront notifiées aux nations associées. Celles-ci, dans un délai d'un an à partir de la clôture de la session de la Conférence, délai qui pourra être porté exceptionnellement à dix-huit mois, soumettront le projet aux autorités compétentes pour le transformer en loi ou prendre des mesures d'un autre ordre.

S'il s'agit d'une recommandation, les nations membres informeront le secrétaire général de la Société des mesures prises.

S'il s'agit d'un projet de convention, la nation membre qui aura obtenu le consentement de l'autorité compétente pour le ratifier, communiquera cette ratification au secrétaire général et prendra les mesures nécessaires pour mettre en vigueur la convention.

Si la recommandation ou le projet de conventon ne rencontrent pas, dans la nation intéressée, l'assentiment du pouvoir compétent pour décider, les choses en restent là, et la nation à laquelle a été notifiée la décision de la Conférence n'est point autrement obligée.

Il est nettement spécifié par l'article 405 du Traité qu'en aucun cas il ne sera demandé à une nation membre, comme conséquence de l'adoption par la Conférence d'une recommandation ou d'un projet de convention, de diminuer la protection déjà accordée aux travailleurs par sa législation particulière.

Si la Conférence ne peut ainsi que provoquer, par voie de recommandation ou de projet, des mesures ou des conventions internationales, afin 'de ne point porter atteinte à la souveraineté de chaque Etat, une procédure d'un caractère plus impératif est organisée par les articles 406 et suivants, lorsqu'ils s'agit d'une convention qui a été ratifiée.

Cette convention, qui lie seulement les membres qui en ont effectué la ratification, est enregistrée par le Secrétaire général de la Société des Nations.Chacune des nations contractantes s'engage à présenter au Bureau international du travail un rapport annuel sur les mesures qu'elles a prises pour assurer l'exécution des conventions auxquelles elle a adhéré.

Une réclamation est-elle adressée au Bureau international du Travail, par une organisation professionnelle ouvrière ou patronale, ou par une des nations contractantes, sur la manière dont la convention est exécutée, le Conseil d'administration de ce Bureau peut transmettre la réclamation au Gouvernement en cause et ce Gouvernement peut être invité à faire sur la matière telle déclaration qu'il jugera convenable.

Si aucune déclaration n'est reçue du Gouvernement mis en cause ou si la déclaration reçue ne paraît pas satisfaisante au Conseil d'administration, ce dernier a le droit de rendre publique la réclamation reçue, et, le cas échéant, la réponse faite.

Telle est la procédure dans le cas où les réclamations émanent d'organisations privées.

Mais ces réclamations peuvent émaner d'une des nations contractantes, qui estime qu'une autre nation n'assure pas d'une manière satisfaisante l'exécution d'une convention que l'une et l'autre ont ratifiée.

Le Conseil d'administration du Bureau international du Travail peut se mettre en rapport avec le Gouvernement incriminé, dans les conditions que nous avons indiquées pour le cas de réclamation particulière.

Mais s'il ne juge pas nécessaire d'employer cette procédure, ou si le Gouvernement mis en cause n'a pas fourni une réponse satisfaisante, le Conseil peut provoquer la formation d'une Commission d'enquête; la même procédure peut d'ailleurs toujours être engagée par lui, soit d'office, soit sur la plainte d'un délégué à la Conférence.

La Commission d'enquête, après un examen approfondi de la plainte, rédigera un rapport dans lequel elle consignera ses constatations ainsi que les recommandations qu'elle croira devoir formuler quant aux mesures à prendre pour donner satisfaction au Gouvernement plaignant et quant aux délais dans lesquels ces mesures devront être prises. Le rapport indiquera également, le cas échéant, les sanctions d'ordre économique à appliquer au Gouvernement incriminé. Le Secrétaire général de la Société des Nations communiquera alors le rapport de la Commission d'enquête à chacun des Gouvernements intéressés dans le différend et en assurera la publication. Dans le délai d'un mois, chacun des Gouvernements intéressés devra signifier au Secrétaire général de la Société des Nations s'il accepte ou non les recommandations contenues dans le rapport de la Commission et, au cas où il ne les accepte pas, s'il désire soumettre le différend à la Cour permanente de Justice internationale de la Société des Nations.

Les décisions de cette Cour, dans la matière qui nous occupe, ne seront pas susceptibles d'appel. La Cour confirmera, amendera ou annulera les conclusions de la Commission d'enquête et elle indiquera, le cas échéant, les sanctions d'ordre économique qu'elle croit convenable de prendre à l'encontre du Gouvernement en faute. Si celui-ci ne se conforme pas, dans le délai prescrit, à la décision de la Cour permanente, tout autre Gouvernement, membre de la Socité des Nations, pourra lui infliger les sanctions d'ordre économique que la décision de la Cour aura déclarées applicables. Ces sanctions seront rapportées lorsque le Gouvernement en faute aura justifié, à la suite d'une enquête, qu'il a respecté la décision de la Cour.

Telle est la procédure destinée à assurer le respect des conventions internatiónales du travail. Son mécanisme, qui peut paraître complexe de prime abord, est, en somme, assez simple et assez souple. Il a le mérite de comporter une sanction. Il offre, d'autre part, des garanties, soit aux Gouvernements intéressés, soit à leurs cocontractants, soit enfin au monde du travail.

*
* *

Le chapitre 3 de la section première oblige les membres de la Société des Nations à appliquer les conventions auxquelles ils auront adhéré, à celles de leurs colonies ou possessions et à ceux de leurs protectorats qui ne se gouvernent pas pleinement eux-mêmes, sous réserve que la convention ne soit pas rendue inapplicable par les conditions locales et que les modifications qui seraient nécessaires pour adapter la convention aux conditions locales puissent être introduites dans celle-ci.

Le chapitre 4 et dernier de la section première comprend, comme nous l'avons dit, un certain nombre de mesures transitoires. Il fixe notamment au mois d'octobre 1919 la première session de la Conférence.

Le lieu de la Conférence sera Washington. C'est le Gouvernement des Etats-Unis qui fera les convocations.

A l'ordre du jour de cette première session figureront l'application du principe de la journée de huit heures ou de la semaine de quarante-huit heures; les questions relatives aux moyens de prévenir le chômage et de remédier à ses conséquences; le problème de l'emploi des femmes dans le travail industriel, avant ou après l'accouchement, pendant la nuit ou dans les travaux insalubres; le problème de l'emploi des enfants, au triple point de vue de l'âge d'admission au travail, des travaux de nuit et des travaux insalubres; enfin l'extension et l'application des conventions internationales adoptées à Berne en 1906, sur l'interdiction du travail de nuit des femmes employées dans l'industrie et l'interdiction de l'emploi du phosphore blanc dans l'industrie des allumettes.

**

Ainsi que nous l'avons dit plus haut, dans la section deuxième, incluse tout entière dans l'article 427, les auteurs du traité de paix énoncent solennellement les principes généraux qui les ont déterminés à fonder les organismes permanents dont nous venons d'analyser le fonctionnement.

Ils reconnaissent tout d'abord que « le bien-être physique, moral et intellectuel des travailleurs salariés est d'une importance essentielle au point de vue international ».

Sans doute, ils soulignent que les différences de climat, de mœurs, d'usage, de traditions industrielles, rendent difficile à atteindre d'une manière immédiate l'uniformité absolue dans les conditions du travail.

« Mais — il faut citer ce passage du Traité — « persuadées qu'elles sont que le travail ne doit « pas être considéré simplement comme un ar- « ticle de commerce, elles pensent qu'il y a des « méthodes et des principes pour la réglementa- « tion des conditions du travail, que toutes les « communautés industrielles devraient s'efforcer « d'appliquer, autant que les circonstances spé- « ciales dans lesquelles elles pourraient se trou- « ver le permettent. »

Cent trente ans après la Déclaration des droits de l'homme, qui visait surtout les droits poli- litiques, intervient cette déclaration nouvelle, qui vise cette fois les droits des individus dans le domaine social.

Cette déclaration proclame, en premier lieu, que le travail ne doit pas être considéré simplement comme une marchandise ou un article de commerce. La noblesse du travail, la nécessité de le placer au-dessus de tous les heurts économiques et de protéger par là même la fonction la plus morale des individus sont nettement dégagées dans cette formule. On n'assimilera plus le travail à un élément matériel quelconque du prix de revient, sur lequel la concurrence peut exercer des réductions. Il s'agit ici de la condition essentielle d'existence des individus. Elle demeurera en dehors et au-dessus de tous les conflits d'intérêts.

La déclaration proclame, en second lieu, aussi bien pour les salariés que pour les employeurs, le droit d'association en vue de tous objets non contraires aux lois. Elle réclame le payement aux travailleurs d'un salaire leur assurant un niveau de vie convenable tel qu'on le comprend dans leur temps et dans leur pays;

Elle recommande l'adoption de la journée de huit heures ou de la semaine de quarante-huit heures comme but à atteindre partout où il n'a pas encore été obtenu. L'adoption d'un repos hebdomadaire de vingt-quatre heures au minimum qui devra comprendre le dimanche, toutes les fois que ce sera possible; la suppression du travail des enfants et l'obligation d'apporter au travail des jeunes gens des deux sexes les limitations nécessaires pour leur permettre de continuer leur éducation et d'assurer leur développement physique;

Elle proclame le principe du salaire égal, sans distinction de sexe, pour un travail de valeur égale;

Elle dispose que les règles édictées dans chaque pays au sujet des conditions du travail devront assurer un traitement économique équitable à tous les travailleurs résidant légalement dans le pays;

Elle décide enfin que chaque Etat devra organiser un service d'inspection afin d'assurer l'application des lois et règlements pour la protection des travailleurs et qu'un personnel féminin participera à ce service;

La déclaration reconnaît que cet exposé n'est ni complet ni définitfi. Elle y voit, du moins, une direction utile pour la politique de la Société des Nations et une cause de progrès réel, si ces principes sont adoptés par les communautés industrielles qui sont membres de cette Société.

II

Tel est l'esprit, tels sont les principes généreux des clauses du traité de paix qui visent l'organisation internationale du travail.

Nous ne pouvons que les approuver hautement. Ils réalisent et préparent de très importants progrès.

Certes, l'idée d'assurer par l'entente des nations la protection du travail international n'est pas nouvelle.

Dans les années mêmes qui ont précédé la guerre, le traité franco-italien du 15 avril 1904, complété par l'arrangement du 9 août 1910,qu'il y aurait eu si grand intérêt à rendre définitif, les accords franco-belges de 1882, de 1897 et de 1906; les accords relatifs aux accidents du travail, soit avec l'Italie, soit avec la Belgique, soit avec l'Angleterre; les Conférences de Berne de 1905 et 1906, la première d'un caractère préliminaire, la seconde d'un caractère définitif, auxquelles des adhésions ultérieures si nombreuses et si importantes donnèrent leur véritable portée; le projet de convention adopté par la Conférence de Berne en 1913, avaient préparé, sur les questions essentielles de la législation du travail, l'œuvre plus décisive qui va s'accomplir aujourd'hui.

Mais nous étions jusqu'alors dans le domaine de la pure faculté. Certaines nations adhéraient aux actes de la Conférences de Berne, d'autres non. Les traités passés sur de mêmes questions contenaient des dispositions très différentes. La supériorité d'une convention générale n'est pas douteuse, à plus forte raison celle d'un organisme permanent destiné à la préparer et à en assurer l'exécution.

Nous n'oublions pas qu'aujourd'hui encore les décisions de la Conférence internationale ne sont pas exécutoires, chaque État restant libre de les accepter ou de les refuser. On n'a pas voulu toucher à la souveraineté des nations. Mais lorsqu'un État aura accepté les décisions prises, il sera alors tenu, sous menace de sanction, de les exécuter.

*
* *

Nous devons examiner ici une question particulièrement délicate. Quand l'Allemagne entrera-t-elle dans l'organisation internationale du travail?

Nous avons dit que l'annexe à la partie treizième du Traité de Paix avait fixé à 1919, et à Washington, la première session de la Conférence du travail. Cette Conférence doit avoir lieu au mois d'octobre prochain.

Les Puissances ont été d'accord pour ne pas admettre l'Allemagne dans l'organisation internationale du travail avant la Conférence de Washington.

1° Parce que, dans l'état d'esprit actuel des Allemands, il a paru probable qu'ils profiteraient de l'occasion pour semer la discorde parmi les classes ouvrières d'autres pays qui ont été en guerre avec eux;

2° Parce que cette admission eût soulevé la question subsidiaire de la représentation des autres pays anciennement ennemis;

3° Parce que le comité d'organisation de la Conférence de Washington ayant rassemblé les matériaux de cette Conférence auprès des pays alliés et associés avec l'idée que ces derniers seuls seraient représentés, on a pensé qu'introduire maintenant l'Allemagne serait apporter dans la Conférence un élément de confusion et peut-être de mauvais vouloir.

Cependant, dans sa séance du 17 mai 1919, sur la proposition de sa Commission du travail, le Conseil des Principales Puissances alliées et associées a décidé que l'Allemagne serait admise *dès la clôture de la Conférence de Washington* et que les travaux de cette Conférence devraient être, en conséquence, communiqués au Gouvernement allemand.

Cette décision soulève une double question de droit et d'opportunité.

Comment peut-on concilier tout d'abord l'admission de l'Allemagne dans l'organisation internationale du travail avec les articles du traité qui interdisent l'entrée dans la Société des Nations d'une nation n'offrant pas les garanties prévues par ledit traité?

A cette question, qui, d'ailleurs, a été posée au Gouvernement par la Commission de la Chambre des députés, il a été répondu que l'entrée de l'Allemagne dans l'organisation internationale du travail est tout à fait différente de son entrée dans la Société des Nations.

L'article 387 du Traité de paix dispose que « les membres originaires de la Société des Nations seront membres originaires de cette organisation (organisation du travail) et, désormais, la qualité de membre de la Société des Nations entraînera celle de membre de ladite organisation ».

Cet article oblige donc tous les membres de la Société des Nations à faire partie de l'organisation internationale du travail, mais il ne dit pas que tous les membres de l'organisation internationale du travail feront partie nécessairement de la Société des Nations.

Nous avons tenu, du reste, à connaître expressément, sur ce point de vue, l'opinion du Gouvernement [1]. Il nous a confirmé l'interprétation que nous venons de donner.

Si la question de droit se trouve ainsi réglée

[1] Nous croyons intéressant de reproduire ci-après les questions qui ont été posées au Gouvernement par votre Commission et les réponses faites :

1° La Conférence de la Paix n'a-t-elle pas décidé qu'à l'issue de la Conférence de Washington, l'Allemagne serait admise : 1° dans le Bureau international du Travail; 2° dans le Conseil d'administration de ce bureau?

Réponse. — Le Comité du travail de la Conférence de la Paix, institué par décisions du Conseil suprême en date des 30 avril et 10 mai 1919 et qui groupait les représentants des cinq grandes puissances alliées, a été consulté le 15 mai par le Conseil suprême sur la question de savoir s'il y avait lieu d'admettre l'Allemagne à une date prochaine dans l'Organisation internationale du Travail. Le Comité du Travail a répondu, à la date du 15 mai, qu'il était d'avis d'admettre l'Allemagne dans l'Organisation internationale du Travail, immédiatement après la Conférence de Washington et, en tant que l'un des huit principaux pays industriels, de lui donner une place dans le Conseil d'administration du Bureau international du Travail. Le Comité du Travail émettait en outre l'avis que, si le Conseil suprême approuvait l'admission de l'Allemagne, les recommandations et conventions votées par la Conférence de Washington devraient être envoyées au Gouvernement de l'Allemagne comme aux Gouvernements ayant participé à cette Conférence et aux mêmes fins. Le Conseil suprême a approuvé cette manière de voir, et, par une lettre en date du 19 mai, a prié M. Barnes, délégué du Gouvernement britannique, président du Comité du Travail, de porter à la connaissance de la Conférence de Washington son avis favorable à l'admission de l'Allemagne dans les conditions proposées par le Comité du Travail.

2° N'a-t-elle pas décidé que les travaux de la Conférence de Washington seraient communiqués au Gouvernement par une large interprétation du Traité, nous avions le devoir d'envisager aussi la question d'opportunité.

Pour la résoudre, il faut considérer l'intérêt non point de l'Allemagne, mais des nations alliées et associées et de l'organisation internationale du travail elle-même. La Conférence de Washington va traiter des questions comme cel-

allemand et demeure-t-il bien entendu qu'il ne sera admis que l'engagement formel de respecter intégralement les obligations souscrites par les autres peuples à ladite Conférence?

Réponse. — En approuvant l'admission de l'Allemagne dans l'Organisation internationale du Travail après la clôture de la Conférence de Washington, la Conférence de la Paix a été d'avis que les résolutions adoptées à Washington fussent communiquées au Gouvernement allemand, dans les conditions prévues à l'article 405 du Traité de Paix.

Il est bien entendu que, si l'Allemagne est admise, toutes les obligations auxquelles sont soumis les pays membres de l'Organisation internationale du Travail s'appliqueront à elle, et qu'elle devra prendre l'engagement de se conformer aux statuts de cette Organisation.

3° Le Gouvernement estime-t-il que l'admission de l'Allemagne dans le Bureau international du Travail, sans qu'elle ait été admise dans la Société des Nations, ne sera point en contradiction avec l'esprit de l'article 387 du Traité de Paix.

Réponse. — L'article 387 du Traité de Paix reconnaît tous les pays membres de la Société des Nations comme membres de droit de l'Organisation internationale du Travail et corrélativement leur impose d'en faire partie ; mais il n'interdit pas expressément à l'Organisation internationale du Travail d'appeler dans son sein d'autres membres.

Cette manière de voir, qui inspire la réponse du 15 mai du Comité du Travail, a été confirmée par une consultation de M. Larnaude, doyen de la Faculté de droit, Président du Comité juridique constitué à la Présidence du Conseil en vue des travaux de la Conférence de la Paix.

4° Demeure-t-il constant que l'admission de l'Allemagne dans le Bureau international du Travail et dans le Conseil les de la journée de huit heures, de l'interdiction de l'emploi des femmes et des enfants la nuit ou dans les travaux insalubres, qui affirmeront évidemment les sentiments humanitaires des peuples contractants, mais se traduiront pour eux par des charges. Le fait de tenir l'Allemagne en dehors des engagements internationaux relatifs au travail constituerait donc un avantage pour elle. Elle pourrait faire aux nations qui

d'administration de ce Bureau ne préjuge point de son admission dans la Société des Nations?

Réponse. — L'admission de l'Allemagne dans l'Organisation internationale du Travail et dans le Conseil d'administration du Bureau international du Travail ne préjuge en aucune façon de son admission dans la Société des Nations. Les obligations auxquelles l'Allemagne aura à satisfaire, en tant que membre de l'Organisation du Travail, sont différentes de celles auxquelles son admission dans la Société des Nations est subordonnée.

5° Comment compte-t-on résoudre les difficultés qui pourraient naître, notamment au point de vue des sanctions éventuelles, du fait que l'Allemagne fera partie de l'Organisation permanente du Travail sans faire partie de la Société des Nations ?

Réponse. — L'Allemagne, en entrant dans l'Organisation internationale du Travail et en acceptant ses statuts, acceptera par là même les quelques interventions arbitrales, judiciaires ou administratives de la Société des Nations prévues par ses statuts.

Assurément, cette haute magistrature, cette tutelle supérieure que la Société des Nations exerce à l'égard de l'Organisation internationale du Travail, place dans une situation un peu inférieure les Etats qui ne font point partie de la Société des Nations et doit leur faire désirer davantage leur admission dans cette Société. Mais il n'en résulte aucune impossibilité organique de fonctionnement pour l'Organisation internationale du Travail presque entièrement autonome dans sa vie courante, et l'impartialité du Conseil de la Société des Nations et de sa Cour suprême de justice ne saurait être suspectée.

auraient accepté ces engagements une concurrence économique redoutable. Tout l'esprit de la nouvelle organisation se trouverait vicié dès le début au profit de nos ennemis. Le danger d'une telle méthode est d'autant plus certain qu'il suffit de relire les notes échangées entre le Président de la Conférence de la Paix et la délégation allemande, à propos de l'organisation du travail, pour constater que les propositions de l'Allemagne, en cette matière, avaient un caractère nettement restrictif par rapport à celles qui ont prévalu.

Il y a donc des mesures à prendre, une entente à établir entre les Alliés en vue d'obliger l'Allemagne à se soumettre aux conditions générales qui auront été fixées par la Conférence de Washington.

En somme, sur cette question comme sur beaucoup d'autres, le Traité de Paix nous apporte, semble-t-il, non une fin, mais un commencement d'action.

Il faut que les Nations alliées et associées donnent à l'organisation permanente que fonde si heureusement le Traité, toute la vie qu'elle comporte. Il ne faut point que cette institution dont l'intérêt est considérable, demeure dans le domaine théorique. L'activité des Gouvernements devra remédier, dans la pratique, à l'imprécision de certaines formules. Il appartiendra, du reste, à tous ceux qui, dans chaque Nation, s'intéressent à ces problèmes, de suivre la réalisation de cette partie du Traité et de lui donner, par les encouragements mêmes de l'opinion, toute sa force. La législation internationale du travail est désormais fondée sur des organes permanents. Elle se manifeste par une procédure régulière et équitable; elle s'appuiera éventuellement sur des sanctions efficaces. Un large champ s'ouvre aux initiatives généreuses des peuples. Il faut un patient et énergique effort pour le féconder.

CHAPITRE X

LES GARANTIES

L'étude détaillée qui vient d'être faite du Traité a mis en lumière, en même temps que la série d'avantages qui en résultent pour la France où pour les Alliés, les défauts ou les lacunes d'un certain nombre de ses clauses.

Mais, avant d'en établir le bilan, une question préjudicielle doit nous retenir :

Quelles mesures ont été prises pour que les Alliés soient assurés, et la France en particulier, que l'Allemagne s'acquittera réellement des obligations qu'elle a acceptées; et, d'une façon plus générale, en dehors même de l'exécution exacte des clauses du Traité, la France a-t-elle pour l'avenir *la sécurité* à laquelle lui donnent droit les sacrifices sans mesure qu'elle a consentis et la victoire éclatante de ses soldats?

Pour répondre complètement à cette question, il ne faut pas s'en tenir aux seules dispositions du Traité. Il faut examiner à la fois le Traité de Paix lui-même, le Pacte de la Société des Nations et les traités d'alliance conclus avec les Etats-Unis et la Grande-Bretagne.

I. — Le Traité

En ce qui concerne l'exécution même de l'ensemble des clauses du Traité, les Puissances alliées et associées ont prévu, aux articles 428, 429 et 430, l'occupation de la rive gauche du Rhin et des têtes de ponts pendant une durée de cinq, dix ou quinze ans. Cette occupation doit, si l'Allemagne exécute normalement ses obligations, être successivement réduite : à la fin de la cinquième année, par l'évacuation de la tête de pont de Cologne, et d'une bande de terrain de la rive gauche; à la fin de la dixième année, par l'évacuation de la tête de pont de Coblentz et d'une nouvelle bande de terrain; enfin, à l'expiration des quinze ans, les dernières têtes de ponts, celles de Mayence et de Kehl, seront évacuées ainsi que le restant des territoires rhénans occupés.

Si l'Allemagne n'est pas fidèle à ses obligations, non seulement cette occupation pourra être prolongée, mais elle pourra, même après quinze années écoulées, être reprise. Il suffira qu'à une époque quelconque l'Allemagne n'exécute pas les engagements pris par elle, en ce qui concerne les réparations, pour lesquelles une période de trente ans au minimum est prévue.

En revanche, cette occupation pourra disparaître avant les quinze ans révolus si, avant cette date, l'Allemagne a satisfait à toutes ses obligations.

Ces garanties d'exécution sont-elles, en effet,

suffisantes et le traité avec l'Allemagne ne pouvait-il aller plus loin?

Ces garanties, tout d'abord, tant qu'elles existeront, seront-elles réelles, effectives? L'occupation représente-t-elle, en fait, une puissance militaire capable d'obliger l'Allemagne? En deux mots, comment sont constituées les forces militaires d'occupation et comment sont prévues les mesures d'exécution?

Les troupes américaines comme les troupes anglaises vont être successivement réduites et il semble bien que l'Angleterre et l'Amérique ne seront représentées sur le Rhin, très rapidement, que par leurs drapeaux et les quelques troupes nécessaires pour en assurer le respect.

Nous ne voulons certes pas diminuer la valeur de ce que représentera la présence de ces drapeaux flottant à côté des nôtres, et nous ne doutons pas de l'appui immédiat de nos Alliés s'il était nécessaire. Mais il n'en reste pas moins, en fait, que ce seront nos soldats, surtout nos soldats, qui monteront cette *garde au Rhin*, et il faut bien que nous nous rendions compte de la charge, à la fois morale et économique, qui, de ce chef, pèsera sur nous. Il ne faut pas non plus que nous en méconnaissions les dangers. C'est nous qui resterons ainsi pour l'Allemagne le symbole toujours présent de la défaite, et c'est sur nous que se concentreront ses désirs de revanche.

Cela, il faut que nous le sachions. Et cela nous conduit en fin de compte au problème essentiel : Quelle sécurité d'avenir, *en ce qui concerne le risque de guerre*, nous apporte le Traité?

Aux yeux des négociateurs, cette sécurité est assurée :

1° Par la réduction de la puissance militaire allemande (art. 159 à 213), telle qu'elle vous a été indiquée dans l'exposé des clauses militaires du Traité : réduction des effectifs allemands au chiffre de *100 000* hommes, constitués exclusivement par un service de métier à long terme; réduction des armements et des munitions à des chiffres correspondant aux besoins de ces effectifs réduits; acceptation par l'Allemagne de toute investigation ordonnée par la Société des Nations;

2° Par la fixation définitive à 50 kilomètres à l'est du Rhin (art. 42 et 43) de la *frontière militaire* allemande, avec interdiction pour elle, dans la zone ainsi neutralisée militairement, de maintenir ou de construire des fortifications et d'y entretenir ou rassembler des troupes;

3° Par l'engagement pris par tous les signataires du Traité de considérer toute violation par l'Allemagne de ces articles 42 et 43 comme un acte d'hostilité vis-à-vis de toutes les Puissances alliées et associées.

D'autres mesures n'ont-elles pas été envisagées par les Gouvernements responsables ou suggérées par notre Parlement lui-même?

Une observation préalable doit être faite, et publiquement faite. Jamais, à aucun moment, ni le Gouvernement ni le Parlement français n'ont envisagé l'annexion pure et simple de la rive gauche du Rhin. Quelle qu'ait pu être dans

le passé la politique traditionnelle de la France,
quel qu'ait pu être passagèrement le sort des territoires rhénans, en fait, nous n'avons pas voulu
soumettre à nos lois ces populations, bien qu'à
un moment de notre histoire elles se soient librement données à nous, dès qu'elles se considèrent et se sentent allemandes.

Nous entendons trop souvent dans certaines
polémiques parler de l'impérialisme de la France. La lecture du Traité tout entier montre à quel
point, en réclamant tout son droit et la juste
réparation de toutes ses souffrances, la France
n'a jamais dépassé la limite précise que déter-
minerait un juge impartial. En tout cas, ce n'est
pas elle, qui pendant quarante-quatre ans n'a
cessé de protester contre la violence faite à l'Alsace et à la Lorraine, qui à son tour voudrait violer le droit qu'a une nation quelconque de disposer d'elle-même. Il y a pour le pays des Droits
de l'Homme un devoir qui prime tout : le droit;
la France respecte celui des autres comme elle
veut que le sien soit restauré et garanti. C'est
à son service et à son service seul qu'elle a mis
et reste prête à mettre toutes ses forces.

*
* *

Quelles ont donc été, en dehors de l'annexion,
les mesures préconisées?

Nous trouvons un premier exposé de la question dans une lettre adressée le 12 janvier 1917
par M. Briand, alors Président du Conseil, à no-

tre ambassadeur à Londres, M. Paul Cambon, pour le prier de transmettre au Gouvernement anglais les solutions adoptées par le Gouvernement français concernant le règlement de la frontière, en dehors de l'Alsace-Lorraine, qui devait nous être rendue dans les limites de 1790. Le Gouvernement présidé par M. Briand s'exprimait ainsi sur la rive gauche du Rhin : « Ce qui importe plus qu'un avantage glorieux, mais précaire, c'est de créer un état de choses qui soit une garantie pour l'Europe autant que pour nous et qui fasse couverture devant nos territoires. A nos yeux, l'Allemagne ne doit plus avoir un pied au delà du Rhin. L'organisation de ces territoires, leur neutralité, leur occupation provisoire sont à envisager dans les échanges de vues entre les Alliés, mais il importe que la France, étant la plus strictement intéressée dans le statut territorial de cette région, ait voix prépondérante dans l'examen de la solution de cette grave question. »

Quant au Parlement français, la Commission des Affaires extérieures de la Chambre délibéra sur la question dans sa séance du 2 décembre 1918 et adopta, à l'unanimité de ses membres présents, les conclusions suivantes :

La Commision, après étude du problème de la frontière française tel que la guerre l'a posé, est d'avis :

« 1° Qu'il convient d'exiger entre la France et l'Allemagne la ligne frontière de 1814, en y comprenant notamment les territoires de Schaum-

bourg et de Tholey, qui, à cette date, n'avaient
jamais cessé d'appartenir à la France;

« 2° Que, dans les territoires compris entre la
ligne de 1814 et la frontière hollandaise, la
France, tout en repoussant une politique d'annexion par la contrainte, doit exiger un ensemble de garanties militaires, politiques et économiques (visant en particulier les chemins de fer,
les canaux et les douanes), qui, en libérant cette
région de l'influence de la Prusse, mette définitivement notre pays à l'abri de toute invasion.

« Il ne pourra y avoir notamment aucune troupe, aucune fortification sur la rive gauche du
Rhin; la même mesure sera applicable dans une
zone de 30 kilomètres sur la rive droite. Les
habitants de la rive gauche ne seront, dans aucun cas, astreints au service militaire;

« 3ª En outre, en ce qui concerne le Rhin, une
politique d'internationalisation du fleuve, sous
la présidence de la France, sera immédiatement
envisagée entre tous les riverains, la France s'ef-
forçant d'obtenir parallèlement la revision de la
convention du Gothard;

« 4° En ce qui concerne le Luxembourg, qui
doit être absolument libre de décider de ses destinées, la France assurera le respect de la volonté des habitants, telle qu'elle s'affirmera par
un plébiscite organisé avec toutes les garanties
de régularité.

« En résumé, la Commission estime que les
conditions d'une paix juste et durable pour la
France peuvent se résumer en ces trois points :

« 1° Le remboursement total des frais de la guerre et la réparation intégrale des dommages qu'elle a causés tant aux personnes qu'aux choses;

« 2° Le retour de la France à ses frontières de 1814, y compris le bassin entier de la Sarre;

« 3° Un ensemble de garanties militaires, politiques et économiques sur les territoires de la rive gauche du Rhin qui mette définitivement la France à l'abri des invasions.

« Ces dispositions, comme toutes les autres du Traité de Paix, acquerront une valeur nouvelle et décisive du fait de l'organisation de la Société des Nations, au principe de laquelle la Commission des affaires extérieures donne sa pleine adhésion. »

Enfin, le 27 novembre 1918, le maréchal Foch remettait au Gouvernement une note dans laquelle il exposait ce que devait être à son avis le régime de la rive gauche du Rhin. Cette note était confirmée et développée par une seconde note du 10 janvier 1919. La thèse du maréchal Foch fut acceptée par le Gouvernement, qui la fit sienne dans un mémoire intitulé : « Mémoire du Gouvernement français sur la fixation au Rhin de la frontière occidentale de l'Allemagne et l'occupation interalliée des ponts du fleuve[1]. » Ce mémoire, daté du 25 février 1919, exposait

---

[1]. Nous publions ce mémoire à l'annexe I, ainsi que la réponse faite le 29 juillet 1919 par le Gouvernement aux questions posées sur ce mémoire par la Commission de la Chambre des députés (annexe II).

avec une grande force la thèse à la fois du commandant en chef des armées alliées et du Gouvernement français.

Il fixait ainsi le but à atteindre :

« Il ne s'agit pas d'agrandir tel ou tel des pays alliés; il s'agit de mettre l'Allemagne hors d'état de nuire en lui imposant des conditions indispensables à la sécurité commune des démocraties occidentales et de leurs alliés et associés d'outre-mer, en même temps qu'à l'existence même de la France.

« Il ne s'agit pas d'annexer un pouce de sol allemand : il s'agit de retirer à l'Allemagne ses instruments offensifs. »

Et, après avoir rappelé, par une étude de l'histoire militaire depuis 1815, que les écrits comme les actes de l'Etat-Major allemand prouvent que « la capacité offensive de l'Allemagne est essentiellement *fonction du réseau stratégique* qu'elle a construit sur la rive gauche du Rhin en combinaison avec les forteresses du fleuve, c'est-à-dire, en dernière analyse, que cette *puissance d'agression est fonction du débit des ponts* », il concluait :

1° Qu'il faut enlever à l'Allemagne non seulement la rive gauche, mais aussi les ponts du Rhin;

2° Que la seule garantie positive, aussi bien pour les démocraties occidentales et d'outre-mer que pour les Etats nouveaux que les Alliés ont appelés à la vie, à l'est et au sud de l'Allemagne,

est dans l'occupation des ponts par des troupes interalliées;

3° Qu'aucune autre garantie résultant soit de la limitation des forces militaires de l'Allemagne (impossible à réaliser pendant de nombreuses années), soit de la Ligue des Nations, qui ne peut ni prévenir une attaque brusquée, ni assurer avec assez de rapidité l'intervention efficace des forces alliées, ne sera suffisante;

4° Que la France ne demande rien pour elle-même, ni un pouce de territoire ni aucun droit de souveraineté; qu'elle ne fait que proposer la création, dans l'intérêt général, d'une protection commune à toutes les démocraties pacifiques, à la Ligue des Nations, à la liberté et à la paix.

Ces conceptions furent défendues jusqu'au 14 mars par les représentants de la France à la Conférence de la Paix, elles ne furent abandonnées que devant l'opposition irréductible de nos Alliés. C'est après un mois de négociations difficiles, qui durèrent jusqu'au 23 avril, que les conditions actuelles du Traité furent arrêtées.

La frontière militaire de l'Allemagne est reportée à 50 kilomètres à l'est du Rhin, c'est-à-dire plus loin que ne le demandait le maréchal Foch, mais l'occupation permanente des ponts par les Alliés n'est pas maintenue.

Dans son audition du 25 août, M. le Président du Conseil a fait connaître à votre Commission les motifs qui l'avaient déterminé à s'arrêter à ce second système. Il a expliqué que le projet soutenu dans le mémoire du 25 février n'était pas sans soulever de réelles objections; il nécessitait d'importants effectifs, il laissait en arrière des ponts, gardés par les troupes alliées, un pays ennemi, administré par l'Allemagne, où les communications pouvaient être incertaines, et il multipliait les causes de friction entre nous et l'Allemagne. En tout cas, et surtout, l'opposition de l'Amérique et de l'Angleterre étant formelle, nous aurions été seuls pour supporter toute la charge de la garde des ponts.

Nous croyons que, dans de telles conditions, le Gouvernement français ne pouvait persister dans ses vues premières, puisqu'il n'avait pu obtenir l'assentiment de ses alliés.

Il a donc fallu chercher ailleurs le complément de garanties nécessaire à la sécurité de la France.

En somme, le Traité n'a pas, à lui seul, assuré l'exécution complète des mesures imposées et, surtout, il n'a pas pu en garantir la durée. Tous l'ont reconnu, et, par l'article 213, le Traité a confié sans conditions à la Société des Nations le contrôle de l'état militaire de l'Allemagne :

« Aussi longtemps que le présent Traité restera en vigueur, l'Allemagne s'engage à se prêter à toute investigation que le Conseil de la Société des Nations, votant à la majorité, jugera nécessaire. »

La Société des Nations va-t-elle être en état de remplir ce rôle essentiel?

II. — Le Pacte

Une garantie de sécurité générale est donnée non pas seulement à la France, mais à toutes les nations, par l'article 10 du Pacte de la Société des Nations.

« Les membres de la Société s'engagent à respecter et à mantenir contre toute agression extérieure l'intégrité territoriale et l'indépendance politique présentes de tous les membres de la Société. ».

Mais avec quels pouvoirs, sous quelles sanctions?

La compétence de la Société s'étend à tout ce qui peut affecter la paix du monde.Elle garantit, nous l'avons vu (art. 10), contre toute agression extérieure l'intégrité territoriale et l'indépendance politique de ses membres; elle établit l'obligation pour tous de soumettre tout différend pouvant survenir entre eux à un arbitrage ou à l'examen du Conseil; elle édicte un ensemble de règles destinées à assurer le développement des intérêts internationaux, qu'il s'agisse de la protection du travail humain, de la liberté des communications et du transit, de la défense de la dignité humaine, de la lutte contre les maux sociaux.

Mais, si sa compétence est étendue, ses pouvoirs sont, en fait, très limités.

Il est d'abord de nombreux cas où elle n'a aucun pouvoir de décision; l'arbitrage n'est pas

obligatoire; elle n'interdit pas d'une façon absolue le recours à la guerre; celle-ci reste, non
seulement possible, mais permise, toutes les fois
que le Conseil n'a pu se prononcer à l'unanimité
sur la solution du conflit qui lui est soumis;
toutes les fois que les contestants se sont préala-
blement soumis aux délais imposés par l'article
12, elle ne peut imposer, même en cas d'unanimité du Conseil, la décision de celui-ci à un con-
trevenant dont la résistance reste passive.

Mais, même dans la plupart des cas où le Conseil ou l'Assemblée prennent des décisions, celles-ci ne sont exécutoires qu'après avoir été soumises à l'approbation de chacun des Gouvernements. Il en est ainsi pour les plans de réduction des armements.

Seul le paragraphe 1er de l'article 16 contient
une disposition qui oblige directement et sans
que les divers Gouvernements aient à en délibé-
rer, les nations associées à accepter les décisions
du Conseil :

« Si un membre de la Société recourt à la
guerre, contrairement aux engagements pris aux
articles 12, 13 et 15, il est, *ipso facto*, considéré
comme ayant commis un acte de guerre contre
tous les autres membres de la Société.

« Ceux-ci s'engagent à rompre immédiatement
avec lui toutes relations commerciales ou financières, à interdire tous rapports entre leurs nationaux et ceux de l'Etat en rupture de Pacte et
à faire cesser toutes communications financières,
commerciales ou personnelles entre les natio-

naux de cet Etat et ceux de tout autre Etat membre de la Société. »

Là s'arrête l'exécution imposée; toutes mesures militaires ou toutes mesures autres que celles qui viennent d'être définies sont soumises, sous la forme d'une recommandation, aux Gouvernements des Etats membres de la Société.

Si bien que, même dans le cas d'une agression armée d'un Etat contre un membre de la Société, les sanctions militaires prévues à l'article 16 ne sont applicables que selon la bonne volonté de chacun des Etats adhérents.

Enfin, non seulement le pouvoir, en droit, d'appliquer les sanctions militaires n'existe pas mais le pouvoir, en fait, se trouve annihilé, puisque la limitation des armements n'est ni obligatoire, ni effective et que l'organisation de la force internationale n'est pas préparée.

En somme, la guerre, en droit, reste possible, et même permise dans un grand nombre de cas. En fait, elle est seulement rendue plus difficile par les procédures et par les délais et surtout par l'action morale qu'on attend de l'opinion universelle, mise au courant des causes des conflits.

Pour qu'en fait la guerre soit rendue à peu près impossible, il faut une condition, et une seule, il faut que la force manque à l'Etat mal intentionné.

C'est pour donner une force réelle aux décisions du Conseil et pour rendre en fait la guerre pratiquement impossible que la délégation française avait présenté les deux amendements qui ont été rejetés par la Conférence.

Ils devaient permettre, l'un par le contrôle réel des armements, l'autre par la création d'un organisme permanent de coordination et de préparation de la force internationale : 1° de limiter effectivement les armements de chaque Etat au chiffre strictement nécessaire pour maintenir leur sécurité nationale; 2° d'assurer ainsi à la force internationale une supériorité indispensable, en même temps qu'une entrée en action rapide.

Nous considérons toujours l'adoption de ces amendements comme indispensable. L'article 26 du Pacte permet de les présenter à la première réunion de la Société des Nations. M. le Président du Conseil a nettement déclaré que le Gouvernement français les présenterait et les soutiendrait.Votre Commission a été unanime à considérer ce complément d'organisation comme nécessaire à la sécurité de la France et au maintien de la paix générale.

III. — Les Traités d'alliance[1]

C'est, d'ailleurs, parce que les Grandes Puissances n'ont pas voulu consentir, dans le Pacte, aux obligations destinées à assurer la limitation des armements et les sanctions indispensables

---

1. Ces traités ne sont pas compris au nombre des conventions dont le présent projet de loi demande l'approbation. Leur ratification fera l'objet d'un autre projet; mais, pour l'intelligence de l'ensemble de la situation, il a paru utile d'en présenter les textes à la fin de ce rapport. (Voir annexe III.)

contre tous les violateurs de l'ordre international, que l'Amérique et l'Angleterre, dans un sentiment de solidarité et dans l'intérêt supérieur du maintien de la paix, ont reconnu la nécessité de signer avec la France un traité de garantie. Elles ont voulu ainsi nous donner les sûretés que ni le Traité général, ni le Pacte, dans son texte actuel, ne contenaient réellement. C'est ce que M. Wilson a reconnu lui-même dans le message qui accompagnait le dépôt du Traité.

« Le Traité de Paix avec l'Allemagne, dit le Président, fournit en soi à la France une protection adéquate contre les agressions de sa récente ennemie de l'Est, mais la période d'années qui s'ouvre immédiatement devant nous recèle de nombreuses et imprévisibles inconnues.

« Aux termes du Pacte de la Société des Nations, la protection militaire ne sera accordée à ses membres que sur avis du Conseil de la Société, et il est à présumer que ledit avis ne sera donné qu'après délibération et que chacun des Gouvernements des Etats appartenant à la Société n'agira en conformité que s'il estime que cet avis est justifié.

« Quant au but de ce traité, il est de procurer à la France le secours immédiat des Etats-Unis, en cas d'agression non justifiée de la part de l'Allemagne.

« Le but du traité spécial est de secourir la France immédiatement, sans attendre l'avis du Conseil de la Ligue. L'accord dépend de la Ligue et sera approuvée par celle-ci.

« La clause spéciale relative à la sûreté de la

France sera continuée jusqu'à ce que, sur la demande d'un des deux membres de l'Alliance, le Conseil de la Ligue estime que la Société des Nations donne assez de sûreté à la France. »

Ces traités d'alliance nous donnent-ils, enfin, la garantie de sécurité définitive?

*
* *

Préambule. — Une première observation est suggérée par les différences de rédaction des préambules des deux conventions.

Le préambule du traité avec l'Amérique vise la nécessité de maintenir la paix du monde, considère une attaque contre la France comme une attaque contre tous les Alliés et se place ainsi sur le véritable terrain de la solidarité qu'établit entre les nations libres l'article 10 du Pacte de la Société des Nations.

Le préambule du traité franco-anglais constate simplement que les stipulations du Traité n'assurent pas immédiatement à la France une sécurité et une protection appropriées. C'est cette protection que le Gouvernement britannique se propose de donner à notre pays.

Nous n'avons pas besoin d'insister sur le regret que cette seconde formule a fait naître dans nos esprits. La France a montré, pendant les premières années de la guerre, à quel point elle était capable de supporter presque seule le plus puissant effort des armées ennemies. Il ne s'agit pas pour elle seule d'aide ou de protection. Pla-

cée à la frontière de la liberté du monde, elle a
à stipuler, dans l'intérêt de cette liberté, le mu-
tuel concours des grandes nations attachées à la
même cause et intéressées autant qu'elle-même
à son triomphe.

Nous eussions souhaité qu'une rédaction commune et conforme au texte américain eût été
adoptée pour les deux traités.

*
* *

L'agression contre la France est bien un acte
hostile contre toutes les Puissances signataires et
troublerait la paix du monde entier. Ne résulte-
t-il pas de là que le traité aurait pu être trans-
formé en une convention générale? N'est-ce pas
tous les Alliés qui, par la permanence de leur
alliance, devraient se garantir mutuellement contre toute violation possible de la loi internationale?

Mais, tel qu'il est, réduit aux trois Puissances
signataires, quelle est l'exacte étendue des dispositions du traité d'alliance? Il stipule pour
l'Angleterre et pour l'Amérique l'obligation de
venir immédiatement à l'aide de la France, à la
double condition suivante :

1° Si les mesures indiquées par les articles
42, 43 et 44 du Traité (rive gauche du Rhin) ne
donnent pas immédiatement à la France la sécurité et la protection appropriées;

2° S'il se produit, toujours suivant le texte anglais, *any improvoked movement of agression,*

c'est-à-dire une tentative non provoquée d'agression, dirigée contre elle par l'Allemagne [1].

Ces deux conditions doivent être réunies pour
que le *casus fœderis* se réalise.

Comment, en fait, pourra-t-on constater que
les deux conditions sont réalisées? Le texte de
cet article 1ᵉʳ est extraordinairement compliqué et il est indispensable qu'une interprétation claire et précise en soit donnée d'accord par
les Gouvernements alliés, si on ne veut pas être
exposé, dans l'avenir, aux surprises les plus
graves.

A notre sens, et le Gouvernement nous a dit
qu'il l'interprétait ainsi, le fondement de la convention est dans l'article 44 du Traité de Paix,
qui stipule que « au cas où l'Allemagne contreviendrait, *de quelque manière que ce soit*, aux
dispositions des articles 42 et 43, elle serait considérée comme commettant un acte hostile vis-
à-vis des Puissances signataires du présent Traité
et comme cherchant à troubler la paix du monde ».

1° Le mouvement non provoqué d'agression
contre lequel les Alliés sont obligés d'apporter

1. Observons qu'il y a, entre la version française et le
texte de langue anglaise, une différence importante.

Le texte français, — nous sommes bien obligés de dire
la « traduction française », — emploie le mot d'*acte* non provoqué d'agression, qui aurait, s'il était pris au pied de la
lettre un sens beaucoup plus étroit que celui du mot
« *movement of* agression ».

Il est indispensable, ou que la traduction française soit
modifiée, ou qu'une interprétation, ne laissant aucun
doute sur le sens donné au mot « acte d'agression », soit
obtenue de nos alliés.

immédiatement leur aide à la France est donc constitué par toute contravention commise par l'Allemagne aux articles 42 et 43. On peut dire, que, dans ce cas, les deux conditions prévues se trouvent réalisées du même coup, la violation commise par l'Allemagne supprimant par là même la sécurité apportée à la France par les mesures qu'elle viole;

2° Mais l'article 1er ne peut pas avoir voulu dire que c'est seulement sous cette forme que la tentative d'agression puisse se produire.

Il serait invraisemblable qu'un acte d'agression commis de toute autre manière contre la France ne fût pas couvert par les dispositions du Traité. Il reste à savoir comment. dans ce second cas, on constatera que les mesures prises par les articles 42 et 43 n'assurent pas immédiatement la sécurité et la protection de la France?

Quelle est, du reste, la signification de ce mot « immédiatement », employé à deux reprises avec des sens différents dans le texte français (paragraphe final du premier article)?

En ce qui concerne le second de ces mots « immédiatement », nous avons la conviction que le Gouvernement français engagera avec nos alliés les conversations nécessaires pour en assurer pratiquement les effets.

Enfin, une question plus générale se pose : en dehors des obligations imposées à l'Allemagne par les articles 42 et 43, il en est d'autres que le Traité de Paix lui impose également et qui sont vitales pour la France.

Si l'Allemagne n'exécute pas les mesures de

réparations imposées, si elle rend impossible
l'exécution de certaines clauses territoriales et
fait ainsi naître des incidents militaires, et si,
par là même, elle oblige la France à des mouvements de troupes, le Traité devra-t-il jouer?

Les cas sont multiples dans lesquels, en s'ap-
puyant sur le texte littéral, le traité laisse une
incertitude; ceci est d'autant plus grave qu'un
grand nombre d'intérêts sont enchevêtrés et que
la protection des Puissances autres que la France
et qui peuvent être exposées aux mêmes périls
(Belgique et Pologne) n'y est pas prévue.

*
* *

Enfin, quand le Traité entrera-t-il en vigueur?
Deux conditions sont indiquées :

1° Il faut que l'Angleterre et les Etats-Unis
l'aient, l'une et l'autre, ratifié. Londres a déjà
donné son vote; espérons qu'il ne faudra pas
longtemps attendre celui de Washington;

2° Enfin, il faut que le Conseil de la Société
des Nations l'ait approuvé.

On s'est justement inquiété des retards que
cette dernière clause pouvait entraîner. Mais
nous avons interrogé le Gouvernement à cet
égard; il nous a déclaré formellement qu'il ne
s'agissait pas là d'une clause suspensive et que
ni la Grande-Bretagne, ni l'Amérique ne consi-
déreraient qu'elles dussent attendre, pour agir,
la constitution de la Société des Nations. Nous
comptons que rien ne sera abandonné de cette
interprétation.

**
* *

Résumons-nous. Si nous supposons résolues les quelques difficultés de texte et d'interprétation que nous avons dû signaler, non par esprit de critique, mais par simple besoin de clarté, pouvons-nous considérer comme tout à fait suffisantes les garanties résultant de l'ensemble du système combiné du Traité, du Pacte et des deux alliances?

Nous rendons pleine justice au Gouvernement pour ses efforts, à nos deux alliés pour la spontanéité de leur offre de concours, mais nous ne pouvons oublier la cause de faiblesse initiale qui subsiste à l'origine même de l'état de choses ainsi établi.

Le Traité de Paix n'a pas semblé aux Alliés eux-mêmes offrir des sûretés suffisantes à la France et au maintien de la paix générale.

Il offre des garanties militaires réelles et immédiates :

La suppression, déjà réalisée, de la flotte militaire allemande;

La réduction progressive des effectifs, armements, etc., soumise à des investigations acceptées par l'Allemagne;

La démilitarisation de la rive gauche et de la zone de 5o kilomètres à l'est du Rhin et l'occupation militaire pendant quinze ans de la rive gauche et des têtes de ponts.

Mais cette dernière garantie diminue avec le

temps, disparaît en principe au bout de quinze ans; or, l'exécution du traité s'échelonnera au moins jusqu'à la trentième année.

Et c'est la France, à peu près seule, qui supportera les charges et les risques de cette garde temporaire du Rhin. Elle aura aussi, à peu près seule, les charges et les risques du contrôle des effectifs et des armements.

Le Pacte de la Société des Nations est également reconnu par le Président Wilson lui-même comme insuffisant. Il laisse, en effet, même en cas d'unanimité du Conseil, les décisions militaires au jugement et à la volonté de chacun des Etats associés.

C'est pour ces motifs qu'ont été conclus les deux traités anglais et américains.

Mais ils ne sont pas des traités d'alliance générale. Le *casus fœderis* est limité à certains cas dont la définition même reste encore incertaine; ils ont besoin d'être complétés par de claires et satisfaisantes imterprétations.

En outre, l'exécution en dépend de conditions encore inconnues, notamment du statut militaire des deux pays alliés, des conditions de rapidité des mouvements et des transports.

En deux mots, beaucoup est fait, rien n'est encore achevé et nous persistons à penser que le contrôle international des armements et l'organisation pratique de la force internationale mettront seuls les Etats défenseurs du droit à l'abri des agressions et assureront la liberté de la France et du monde.

CHAPITRE XI

LE BILAN

Nous avons achevé l'étude successive de toutes les clauses du Traité de Paix, du Pacte et des deux traités d'alliance, mais c'est un miroir brisé d'où ne se dégage pas encore une image complète et définitive.

Nous devons maintenant porter sur ces conventions un jugement d'ensemble et le motiver en toute impartialité.

Il faut tenir compte des difficultés immenses qu'a dû rencontrer une entreprise qui, pour la première fois, vise l'ensemble des Etats du monde et s'efforce de donner un statut à l'avenir de l'humanité.

Il faut se rappeler les points de vue divergents où les faits eux-mêmes avaient placé les Alliés. Leurs souffrances dans le passé, leurs sacrifices pendant la guerre avaient été bien inégaux; par là même leur jugement a pu être très différent sur les risques à courir, les garanties à stipuler.

Les Gouvernements de chacun d'eux ont souvent tenu compte des difficultés, parfois graves, de leur propre politique intérieure et songé aux

armes que les partis ne manqueront pas de chercher contre eux dans les dispositions du Traité.
Ainsi s'expliquent malheureusement certaines
résistances opposées aux demandes les plus légitimes de nos négociateurs.

Le plus grand des traités va clore la plus
grande des guerres, il consacre le plus grand effort vers le bien qu'ait jamais tenté l'humanité.

Tâche immense, pour laquelle il serait injuste
et misérable de s'en tenir à relever seulement les
erreurs et de ne pas mettre en pleine lumière les
grands résultats.

Nous nous efforcerons, pour notre part. de
nous placer, pour motiver notre jugement, au-
dessus de toutes nos divisions intérieures et de
penser exclusivement à ces deux objets, qui se
confondent à nos yeux : l'intérêt supérieur de la
France et celui de la justice et de la paix.

*
* *

La lecture du Traité de Versailles suggère d'a-
bord deux observations préalables.

Tout d'abord, et contrairement aux traditions
diplomatiques les plus constantes, la Conférence
n'a pas choisi la langue française pour fixer le
texte de ses décisions.

Vous permettrez à votre rapporteur général de
rappeler la proposition qu'il avait soumise à ce
sujet pour la rédaction du Pacte à la Commission de la Société des Nations :

« *Nous demandons à la Commission, disions-*

nous le 10 avril 1919, de se prononcer tout d'abord sur cette question de principe : un texte unique faisant loi entre toutes les parties ne doit-il pas être choisi?

« Si la Commission accepte ce principe, quelle est la langue qui, d'après d'innombrables précédents historiques, paraît devoir être acceptée? Le rôle de la langue française comme instrument des conventions diplomatiques, depuis les deux derniers siècles, a toujours été accepté sans aucune contestation.

« Sans remonter aux nombreux traités du dix-huitième siècle, il nous suffira de rappeler qu'au Corgrès de Vienne, en 1815, les négociations se poursuivirent en français et le texte de la convention fut rédigé en cette langue; en 1871, l'Allemagne elle-même ne contesta pas à la France son privilège traditionnel; les négociations se poursuivirent et le traité fut rédigé en français.

« En 1878, l'acte de Berlin est rédigé en français; en 1880, à la Conférence de Madrid pour le Maroc, le règlement décida qu'on ne se servirait que de la langue française. Il en fut de même pour l'acte d'Algésiras. Enfin, vous vous souvenez tous qu'aux deux Conférences internationales de La Haye, un article du règlement fixa, par un accord unanime et sans discussion, le choix de la langue de la Conférence : la langue française fut acceptée comme « auxiliaire naturel de la conciliation générale ».

« Elle ne s'était imposée que par ses services au libre suffrage de tous. Peut-il en être autrement aujourd'hui?

« Vous avez tous été les témoins, Messieurs,

de la part que la France a prise, au cours de ces quatre années de guerre, pour la défense de notre grande cause commune. En parlant ainsi, la France n'émet aucune prétention nouvelle; elle demande seulement que l'héroïsme de ses soldats ne puisse pas être considéré comme une cause de diminution de son prestige dans le monde. »

Sur les instances des représentants de langue anglaise, la Commission se déclara incompétente et la Conférence de la Paix trancha la question pour tout le Traité, en établissant en regard deux textes, français et anglais, sans décider lequel des deux ferait foi en cas de désaccord, — et ce désaccord est malheureusement fréquent. Il y a donc à la fois pour la France un réel dommage moral, et pour l'interprétation du Traité une cause de difficultés dont on ne peut dissimuler l'importance.

La seconde observation touche au fond même de la convention.

Le Traité ne lie que l'Allemagne; tout ce qui vise l'Autriche, la Bulgarie, la Turquie est en suspens. Il est vrai que l'Allemagne s'oblige à accepter les décisions qui seront prises.

Mais comment les règlements entre l'Autriche et l'Italie, entre la Hongrie d'une part, les Slaves et les Roumains de l'autre, entre la Turquie, les nationalités de l'ancien Empire et les puissances signataires ne réagiraient-ils pas sur les dispositions du Traité du 28 juin?

Il y a là des inconnues qui nous échappent, et nous sommes d'accord avec le rapporteur général de la Chambre, M. Barthou, lorsqu'il signale justement le grave défaut de méthode qui n'a pas permis au Traité de Versailles d'embrasser dans une vue commune, tous les problèmes issus de la guerre : « Il en laisse trop en suspens, et non des moindres, pour qu'on puisse dégager de ses dispositions le nouvel ordre européen. »

I

Nous n'avons rien dissimulé des critiques qu'appelait chacune des parties du Traité.

Il y a dans le Traité deux raisons graves d'inquiétudes; ce sont celles qui concernent la sécurité de la France au point de vue militaire comme au point de vue financier.

Examinons-les sans pessimisme et sans illusion :

Sécurité militaire

L'Allemagne est passagèrement affaiblie, mais elle reste *une;* l'unité de l'empire a été volontairement maintenue par le Traité. Ni la Bavière, ni le Wurtemberg n'ont été appelés à mettre leur signature au bas du traité du 28 juin. Dans les territoires rhénans, nous aurons en face de nous un Haut Commissaire représentant le Reich. Il y a plus, ce n'est pas seulement l'unité de l'Allemagne, c'est la mainmise de la Prusse, de l'esprit prussien qui chaque jour s'appesantit davantage sur l'ensemble du nouvel empire.

La mentalité de l'Allemagne reste la même. Amputée à l'ouest et à l'est, elle ne se reconnaît ni coupable ni vaincue, elle est toujours forte d'une population de plus de 60 millions d'habitants, à la fois travailleuse et disciplinée. Ses usines, son industrie sont intactes; elle retrouvera vite sa force productrice d'avant-guerre.

Privée de ses colonies, exclue des pays d'outre-mer, elle ne pourra se développer que sur le continent. L'exploitation de la Russie à l'est, la revanche contre la France à l'ouest, seront, il faut le craindre, tant qu'une révolution morale, qui n'apparaît pas encore, ne se sera pas produite, les deux objets de sa politique.

Or, nous avons vu, en étudiant les garanties que nous apporte le Traité, combien celles-ci sont limitées, alors surtout que les mesures prises, en donnant à la France seule le rôle de l'adversaire, multiplieront entre elle et l'Allemagne les dangers de conflit.

Quelles sont, en face de ces périls qu'on ne nous accusera pas d'avoir dissimulés, les garanties essentielles que nous assure le traité?

La première, ne l'oublions pas, est le désarmement de l'Allemagne : sa flotte de guerre est détruite, ses effectifs réduits à 100 000 hommes. Il lui est interdit de préparer une réorganisation générale de son armée.

La seconde est la neutralisation militaire de la zone du Rhin jusqu'à 50 kilomètres à l'est du fleuve.

Si ces clauses sont respectées, si la Société des Nations exerce exactement le droit de contrôle que lui reconnaît le Traité, la paix peut être garantie. Enfin, si, malgré tout, l'Allemagne violait ses engagements et tentait un mouvement d'agression, nous nous trouverions en face du *casus fœderis* prévu par les deux traités d'alliance.

L'autorité morale de la Société des Nations, l'alliance des trois grandes démocraties consacrée par les traités rendent, dans une large mesure, improbable le retour d'une guerre qui réaliserait immédiatement contre l'Allemagne une coalition d'une puissance infiniment supérieure à la sienne

On a pu dire avec raison que si, en 1914, l'Allemagne avait su trouver en face d'elle non seulement la France, mais l'Angleterre et les Etats-Unis, elle n'aurait pas déclaré la guerre.

Que faut-il pour que ces garanties, dont nous ne méconnaissons pas la force, soient véritablement efficaces et définitives?

Il faut d'abord qu'une entente étroite soit établie entre les Alliés pour l'exécution immédiate des mesures expressément prescrites par le Traité.

Nous ne pouvons oublier que les articles 164 et 165, ainsi que les tableaux joints, privent déjà l'Allemagne de toute artillerie lourde et ne lui laissent que 204 pièces de 77 et 84 de 105. Or, elle est loin d'avoir actuellement exécuté cette clause, puisqu'elle détient encore 5 000 canons de tous calibres et plus de 25 millions d'obus. Nous pourrions constater le même désaccord en ce qui concerne la réduction des effectifs prescrite par le Traité et le nombre d'hommes maintenus, jusqu'à présent, sous les armes, par l'Allemagne.

Cet état de choses n'est pas admissible, et la

mise en vigueur du Traité ôtera,en tout cas,tout
prétexte à l'Allemagne pour le maintenir.

En outre, on a insisté à la Chambre sur la nécessité d'interdire à l'Allemagne toute fabrication, même d'artillerie légère, et le Gouvernement a reconnu lui-même cette nécessité, en
acceptant « de s'entendre avec les Puissances
« alliées et associées en vue de l'exécution de
« toutes mesures rendant effectif le désarmement
« de l'Allemagne et de ses alliés par l'interdic-
« tion de certaines fabrications de guerre et par
« toutes autres dispositions jugées nécessaires ».

Nous ne sommes pas actuellement saisis de
cette question, qui est indépendante de la ratification du Traité. Mais le Sénat sera, nous en
sommes certains, disposé à approuver toute mesure de nature à rendre réelle et permanente la
réduction des armements de l'Allemagne.

Enfin, nous l'avons déjà bien souvent fait observer, nous y revenons une fois encore : il faut
que le contrôle international et permanent des
armements soit régulièrement organisé. Là aussi
il faut qu'une entente soit établie entre les Alliés. Si ce contrôle n'a pas été suffisamment déterminé par le Pacte, il est la conséquence nécessaire des dispositions fondamentales du Traité
lui-même, qui, sans cela, risquerait de n'être
qu'une formule vide de sens.

Tant qu'il n'en sera pas ainsi, la France sera
obligée d'entretenir une force militaire qui,quoi-
que réduite, pèsera lourdement sur son développement économique.

On a justement dit que la paix est une paix
de vigilance; c'est là surtout que devra s'exercer

sans relâche la surveillance la plus attentive du Gouvernement et des représentants de la France.

Sécurité financière

La sécurité financière n'est pas moins nécessaire à la France que sa sécurité militaire.

Elle a, du fait de l'agression allemande et des conditions atroces dans lesquelles l'Allemagne a mené la guerre, subi, depuis 1914, des dommages effroyables. Le droit en exige l'entière réparation. Le traité l'assure-t-il ?

La réponse est, théoriquement, aussi nette que possible : « L'Allemagne se reconnaît responsable, pour les avoir causés, de toutes les pertes et de tous les dommages subis par les Gouvernements alliés et associés. » Mais, en fait, jusqu'où est assurée la réparation ?

Nous le savons, il est toute une catégorie de dépenses que le traité laisse à la charge de tous les Alliés. Ce sont les frais de la guerre. Ils s'élèvent, pour nous, à la somme formidable de 143 milliards. Nous avons dit les raisons qui avaient déterminé les Puissances à ce sacrifice et nous n'y reviendrons pas. Mais nous ne pouvons oublier que si tous les Alliés font à l'Allemagne la même concession de principe, la charge qui en résulte pour chacun d'eux, proportionnellement à ses ressources, est terriblement inégale et que chez aucun d'eux le déficit ne creuse un abîme aussi profond, aussi difficile à combler.

La situation de la France ne peut, en effet, —

sauf à la Belgique, — être comparée à celle d'aucun autre des alliés.

Elle n'a pas seulement eu à supporter, comme
ses alliés, et, du reste, dans une mesure plus
forte, les charges de la défense commune, elle
a, pendant plus de quatre années, subi l'invasion,
une invasion qui a dévasté et ruiné la dixième
partie de son territoire, et une partie telle qu'elle
représente près du cinquième de sa vie économique. Il s'agit pour elle, non seulement de dommages matériels à réparer — villes et villages à
reconstruire, monuments d'art irrémédiablement
perdus, — mais de ses plus puissantes industries
détruites, de ses meilleures sources de richesse
taries pour de longues années.

La guerre a donc mis la France dans un état
de cruelle infériorité économique. Il ne peut
suffire de lui rembourser les pertes directement
et immédiatement subies. Pour qu'elle soit traitée justement, il faut que les moyens lui soient
fournis d'un prompt relèvement.

Quels sont ces moyens?

La France bénéficie, au même titre que les Alliés, de l'obligation imposée à l'Allemagne de
réparer intégralement tous les dommages causés, de compenser les dépenses de pensions, d'allocations, d'aide aux prisonniers et à leurs familles.

Cette dette, y compris les intérêts, est gagée
pour elle, comme pour ses alliés, par le privilège
de premier rang établi sur tous les biens et ressources de l'Empire et des Etats allemands, par
l'émission de bons d'une valeur de 60 milliards

de marks et par un titre de reconnaissance de dette de 4o milliards.

Elle participe, comme les autres alliés, à toutes les restitutions, à tous les prélèvements en nature auxquels l'Allemagne a consenti et que nous avons énumérés en détail dans l'étude des réparations.

En outre, en dehors de ces clauses générales, la situation spéciale de la France a été reconnue par les privilèges suivants :

1° En Alsace-Lorraine, tous les biens et propriétés de l'Empire, des Etats et des ex-souverains allemands lui sont donnés, francs et quittes de toutes charges et sans payement d'aucune indemnité;

2° Dans la Sarre, elle obtient les mines, franches et quittes de toute charge, leur valeur étant du reste imputée au crédit de l'Allemagne dans le compte des réparations, elle obtient enfin des avantages douaniers (régime et tarif français);

3° Une quantité annuelle fixe de 7 millions de tonnes de charbon (pendant dix ans), plus une quantité décroissante variant entre 20 millions et 8 millions de tonnes par an pendant dix ans.

Il y a là, certes, des avantages dont nous ne méconnaissons pas la valeur, mais il nous faut attendre jusqu'en 1921 la fixation du montant de la dette allemande, et le Traité n'envisage pas même à cette époque la création d'un instrument représentatif de la dette allemande, et négociable. Or, la France, dès aujourd'hui, qu'il s'agisse de l'application de la loi des dommages, des engagements pris par elle vis-à-vis des victimes de la guerre ou du service de ses emprunts, se trouve en face d'obligations précises et immédiates, hors de proportion avec ses capacités financières, sans que le Traité lui apporte la possibilité de recevoir en espèces, directement ou indirectement, le remboursement de la dette allemande, sa créance étant encore incertaine. Il est donc indispensable à la vie même de la France qu'en dehors des privilèges que nous avons mis en évidence, des accords soient conclus entre les Alliés :

1° Pour qu'une affectation par priorité soit, comme nous l'avons déjà indiqué, assurée sur les versements de l'Allemagne pour la réparation des dommages dans nos régions dévastées;

2° Pour qu'au cas d'application de l'article 234, aux termes duquel des ajournements, ou même, sous certaines conditions, des remises de dette pourraient être accordés à l'Allemagne, les charges résultant des ces ajournements ou de ces remises soient équitablement réparties entre les Alliés;

3° Pour que la dette de l'Allemagne, reconnue par elle, soit traduite en une obligation de valeur négociable garantie par tous les Alliés et permettant à chacun d'entre eux de trouver le crédit indispensable.

D'autres suggestions ont été présentées. Le Sénat approuvera certainement toutes celles qui auront pour effet de maintenir entre les Alliés, pendant la paix, la solidarité financière qui a si puissamment contribué à leur victoire. Il y a là des négociations complémentaires auxquelles les nations alliées, qui ont si ardemment combattu avec nous, ne sauront se refuser. Ce que la France, là encore, demande, selon l'expression de M. Barthou dans son rapport à la Chambre, ce n'est pas « la *pitié*, mais *le droit* ».

**
* **

Mais nous sommes, ces réserves générales une fois faites, obligés, en toute justice, de montrer tout ce que le Traité apporte, à la France et au monde, de certitudes acquises et de motifs incontestables de nobles et longues espérances.

Si notre situation financière reste critique, le Traité nous offre, au point de vue économique, des avantages qu'il est juste de mettre en valeur.

Tout d'abord, l'Allemagne, privée par le Traité de tous les droits et intérêts qu'elle avait, soit chez les Puissances alliées et associées, soit dans toute entreprise d'utilité publique ou concession en Russie, en Chine et chez ses anciens alliés, voit disparaître, en fait, son influence économique pour un certain nombre d'années.

Pendant cinq ans, pendant dix ans s'il est nécessaire, et nous avons vu qu'il y aura là pour nous une nécessité vitale, l'Allemagne accorde à tous les Alliés, également, sans réciprocité et dans tous les domaines, le traitement de la nation la plus favorisée, et ceci non seulement en ce qui concerne les marchandises, mais encore les moyens de transport, voies ferrées et voies d'eau et les ports, avec cette clause supplémentaire que, pendant six mois, les taxes imposées par l'Allemagne ne pourront être supérieures à celles qui existaient en juillet 1914.

C'est là la possibilité, si nous savons en user, d'un relèvement économique certain. Surtout, n'oublions pas les minerais de fer que nous trouverons en Lorraine, le charbon de la Sarre, le fait que la force hydraulique du Rhin nous sera réservée, pendant tout le parcours où il nous sert de frontière, et que le port de Kehl sera rattaché à celui de Strasbourg et placé pour sept années sous l'administration d'un directeur français nommé par la Commission internationale du Rhin.

D'autre part, le Pacte de la Société des Nations nous apporte ici de nouvelles garanties.

L'article 23 stipule que les membres de la Société :

1° Prendront les mesures nécessaires pour assurer la garantie et le maintien de la liberté des communications et du transit, ainsi qu'un *équitable* traitement du commerce de tous les membres de la Société, employant ainsi volontairement le mot équitable au lieu du mot *égal* qui avait été proposé;

2° Nous avons pu faire ajouter la disposition particulière suivante : « Étant entendu que les nécessités spéciales des régions dév~~~ pendant la guerre de 1914-1918 devron ~~~ prises en considération. »

M. le ministre du Commerce a bien voulu assurer à votre Commision que les négociateurs français avaient pu tirer de cette clause spéciale d'importants avantages pour notre relèvement.

Enfin la Commision internationale du travail obligera l'Allemagne à la même réglementation que les Alliés.

Nous avons été unanimes à penser que les clauses économiques du Traité étaient, dans leur ensemble, satisfaisantes pour la France.

Il faudra que nous sachions profiter des avantages qu'elles nous donnent et que nous obtenions de nos alliés, en invoquant l'esprit des arrangements de 1916, la coopération nécessaire.

Restitutions

Enfin, n'oublions pas les clauses qui dominent le Traité tout entier. Depuis quarante-quatre ans, la France portait au flanc une plaie qui ne pouvait pas se cicatriser. Le traité de 1871 nous avait arraché l'Alsace-Lorraine. Elle nous est rendue.

Près de deux millions de Français rentrent au foyer de la France.

Par une dérogation unique à toutes les dispositions générales du Traité, nos deux provinces nous reviennent libres de toutes charges juridiques, financières ou économiques, quittes de toutes dettes publiques.

Ce retour à la mère patrie des chérés provinces perdues fait à lui seul, de la paix de 1919, une paix de justice et de gloire.

C'est le signe éclatant de la victoire de la France et le symbole universel de la défaite de la force et du triomphe du droit.

En dehors de l'Alsace-Lorraine, partout où l'Allemagne, en ces dernières années, avait directement ou indirectement lésé les intérêts de la France, nos droits et nos intérêts sont rétablis dans leur intégrité.

Ainsi, notre Maroc est délivré de toute intrusion allemande, le protectorat de la France y est reconnu sur toute l'étendue de l'empire chérifien par les signataires du Traité, et l'on peut envisager l'heure prochaine où il sera définitivement libéré de toute hypothèque internationale.

Le tort que nous avions subi au Congo en 1911 est réparé; notre empire colonial d'Afrique équatoriale devient plus homogène, grâce aux accords anglais concernant le Togo et le Cameroun.

En France même, nous voyons disparaître l'hypothèque de neutralité qui pesait sur la Savoie.

Au point de vue politique, la France, résolue, comme nous l'avons dit, à confondre ses exigences avec celles du droit lui-même, a donc eu satisfaction.

II

Mais nous n'oublions pas que la France, en défendant dans les négociations du Traité, ce qui était son intérêt légitime et son droit, ne s'est jamais désintéressée de la cause de la justice et de la paix universelles.

Quelles certitudes, quelles espérances nous donne, à cet égard, l'œuvre de la Conférence de Paris?

De nombreuses critiques ont été faites à ce point de vue, et non pas seulement en Allemagne. On a dit « la paix injuste ». Des Français ont écrit : « Nous n'admettons pas que ce Traité ose se prévaloir des idées de droit et de justice... Il viole ces hautes conceptions, il en dispose, comme il dispose des hommes et des territoires, pour la satisfaction d'intérêts particuliers. » On a été jusqu'à accuser la France de vouloir réaliser tout un plan impérialiste, de vouloir dominer l'Europe, à la fois par la puissance militaire et par un système d'Etats protégés soumis à son influence.

Nous demandons aux faits de répondre à ces accusations, particulièrement odieuses en ce qui concerne la France.

Nous avons exposé au début de ce rapport, quelle était la conception française du droit. Comment et dans quelle mesure le Traité essaye-t-il de la réaliser?

Deux principes dominent en quelque sorte le Traité et lui donnent sa signification.

Pour la première fois, un traité proclame et fait reconnaître par les coupables eux-mêmes la responsabilité de ceux qui ont déchaîné la guerre et qui l'ont conduite contrairement, non seulement à toutes les règles du droit des gens, mais à tout principe de moralité humaine. La condamnation des coupables à la réparation de leurs crimes est-elle donc, quand il s'agit de certains pays, contraire à la plus stricte justice?

Pour la première fois, un traité essaye de créer une organisation internationale s'étendant à l'humanité entière, fondée sur le respect du droit et sur la mutuelle coopération des peuples? N'est-ce pas, dans sa plus haute acception, le plus grand effort qui ait été tenté vers la justice et la paix humaines?

On peut, et nous avons été les premiers à le reconnaître, critiquer certains modes d'application de ces principes. Pour le jugement des crimes internationaux, il nous eût paru préférable qu'une Haute Cour internationale fût constituée; la Société des Nations, telle que l'instaure le Pacte, n'est pas assez démocratique, elle ne fait pas une place suffisante aux petites nations et surtout elle reste dépourvue de pouvoirs et de moyens d'action. Tout cela, nous l'avons dit nous-mêmes; en tout cas, si elle ne se rapproche pas davantage de l'idéal que nous avons en vue, ce n'est pas la France, nous ne le proclamerons jamais assez haut, qui en sera responsable.

Elle ne s'étend pas encore à tous les peuples; jusqu'à nouvel ordre, ni l'Allemagne ni ses Alliés notamment n'y sont admis. Le Pacte soumet l'admission de tout nouvel Etat à deux conditions :

1° Il faut qu'il donne des garanties effectives de son intention sincère d'observer ses engagements internationaux et qu'il accepte le règlement établi par la Société en ce qui concerne ses forces et ses armements militaires et navals;

2° Il faut que les deux tiers des nations représentées à l'Assemblée aient donné leur assentiment à l'entrée des nouveaux Etats. Il dépend donc de ceux-ci de hâter l'époque où ils pourront invoquer ces articles. Il faut qu'ils aient donné la preuve de leur fidélité à l'exécution de toutes les obligations que leur impose le Traité; il faut, en d'autres termes, que par leurs institutions et par leurs actes ils aient offert toutes les garanties de fait et de droit que sont tenus de leur demander ceux qui ont été obligés de combattre contre eux pour la liberté et pour la justice.

Les principes sont clairement établis, ce sera aux peuples eux-mêmes à leur faire porter tous leurs fruits.

*
* *

Un autre principe est, lui aussi, à la base de toute organisation pacifique du monde : c'est le droit qu'ont les peuples de disposer d'eux-mêmes; il est sinon proclamé, du moins appliqué dans l'ensemble du Traité, qui stipule le retour de l'Alsace-Lorraine à la France, des terres *irredente* à l'Italie et à la Roumanie, la reconstitution et l'indépendance de la Pologne, de la Tchéco-Slovaquie, et qui ordonne le plébiscite dans la région de la Sarre et dans tous les territoires contestés de Pologne, du Schleswig et de Belgique.

On peut discuter sur des points de détail, critiquer l'organisation du plébiscite, telle qu'elle est prévue dans telle ou telle région. Mais jamais n'a été tentée une réorganisation aussi vaste que celle que prépare le Traité. Quelles difficultés suscitent l'enchevêtrement séculaire des races victorieuses ou vaincues et l'obligation de donner satisfaction à toutes les aspirations nationales, en même temps que de créer des Etats viables! Le Traité a cherché à réaliser des compromis acceptables; dans bien des cas, et tout au moins provisoirement, il réserve équitablement le droit de tous en faisant appel à l'impartiale autorité de la Société des Nations.

Il reste pourtant trois points qui ont donné plus particulièrement prise aux critiques. C'est le règlement du bassin de la Sarre, celui du Chantoung et des colonies allemandes.

En ce qui concerne les colonies allemandes, nous avons montré, dans les chapitres où ont été étudiées spécialement ces questions, les raisons du règlement actuel. Tout ce que nous pouvons en dire ici, ainsi que du Chantoung, c'est qu'il n'y a rien là qui engage la responsabilité française et qui, d'une façon quelconque, profite injustement à notre pays.

Reste la question du bassin de la Sarre, qui nous touche particulièrement. Elle est, remarquons-le bien, le seul point précis qui vise la France dans les critiques faites au Traité au nom du droit. Constatons tout d'abord qu'en ce qui touche la propriété même des mines, il n'y a pas de contestation possible. Il s'agit d'une réparation destinée à compenser la destruction systématique, par les armées allemandes, de nos mines du Nord, et les Allemands eux-mêmes en reconnaissent le bien-fondé.

Reconnaissons également que toutes les mesures prises dans le bassin de la Sarre n'ont qu'un caractère temporaire. Il s'agit de réparations et non d'annexions, et la France, qui avait pourtant le droit de se souvenir que la Sarre était encore en 1815 dans les anciennes frontières de l'Alsace et que Sarrelouis et Landau étaient incontestablement des villes françaises, la France, décidée au respect le plus scrupuleux du droit des populations, a accepté que, pendant quinze années, la Sarre fût administrée par la Société des Nations, représentée par une Commission formée de cinq membres sur lesquels un seul peut être Français, et qu'au bout de ces quinze ans, un plébiscite organisé sous le contrôle de la Société des Nations, par communes ou par districts, décide seule de l'avenir de cette région si longtemps française.

Quand on songe à ce qu'a été pendant cinq années la domination allemande dans nos pays occupés et dévastés, a-t-on vraiment le droit de parler des visées impérialistes de la France!

*
* *

Une dernière critique a été faite. On a prétendu que le traité *ligotait économiquement l'Allemagne* et y rendrait impossible la reprise de la vie.

Il suffit de comparer, à l'heure actuelle, la France et l'Allemagne. Nous sommes vainqueurs, mais nos usines sont détruites, nos villages rasés, nos villes en ruines, les arbres de nos champs ont été coupés et déchiquetés, notre terre elle-même bouleversée, et cela par la volonté de l'Allemagne. L'Allemagne est vaincue, mais sa terre n'a pas souffert, rien n'est détruit chez elle, ses villes sont intactes, ses usines debout, son outillage en état, son ravitaillement en denrées alimentaires et en matières premières assuré par les Alliés eux-mêmes, et le 14 Juillet encore, au moment où se célébraient les fêtes de la Victoire, certaines de nos régions libérées manquaient de pain, nos réfugiés rentrés chez eux n'avaient et n'ont, hélas! bien souvent encore ni matières premières, ni abris.

La justice elle-même s'oppose à ce qu'on traite également l'agresseur et la victime. Le coupable doit d'abord réparer le mal qu'il a fait; les clauses du Traité ne prescrivent pas autre chose que de bien justes réparations et nous avons vu, au contraire, combien insuffisantes étaient encore les mesures financières destinées à assurer la reprise de notre vie économique et la restauration de nos finances.

*
**

Nous résumons ainsi notre jugement sur le Traité :

Le Traité, dans son ensemble, est conforme à la justice et au droit, il n'en viole point les principes, il cherche au contraire à les fixer et à en rendre l'application possible dans l'ensemble du monde. Suivant un mot de M. le Président du Conseil, il a essayé d'établir « un commencement de justice dans des pays où régnait l'iniquité ».

Il a créé une institution internationale, imparfaite encore et insuffisament armée, mais que la volonté des peuples saura développer et qui aura bientôt, — la France le demande et saura l'obtenir, — le pouvoir et la force nécessaires pour imposer définitivement le règne de la paix et du droit.

En ce qui la concerne, la France a obtenu les très hautes satisfactions politiques et morales qu'exigeaieut ses sacrifices et ses victoires, elle peut trouver dans un régime économique provisoire et dont la durée devra être étendue, des moyens efficaces de relèvement; si des garanties financières suffisantes lui manquent encore, sa situation spéciale a été reconnue par les Alliés, qui ne pourront refuser de les lui fournir.

Reste sa sécurité militaire, que menacent le maintien de l'unité du Reich allemand et le renforcement de l'influence prussienne. Elle repose immédiatement sur les clauses du Traité prescrivant la limitation des armements de l'Allemagne et la neutralisation d'une partie de son territoïre et sur deux grandes alliances; plus tard interviendra la Société des Nations.

Ces garanties sont-elles décidément suffisantes? Elles dépendent en grande partie de la vigilance avec laquelle seront contrôlées, de la rigueur avec laquelle seront exécutées les dispositions prescrites. Elles dépendent également des précisions que nous obtiendrons de nos alliés pour le plein jeu des alliances.

Nous ne voulons pas douter que le Gouvernement de la France sache, sur ces derniers points, faire le nécessaire.

Ainsi se présente ce Traité, qui vaudra surtout par son exécution. Il est, comme toute chose humaine, imparfait, mais qui s'en étonnera quand il s'agit d'une entreprise presque surhumaine? Qui oserait prendre la responsabilité de le repousser et de rejeter en même temps la France dans l'angoisse et le Monde dans le chaos?

CONCLUSIONS

I

Du jugement que nous avons porté sur le Traité doivent découler nos dernières conclusions. Il en ressort, très nettement, qu'il s'agit là non d'une fin, mais d'un commencement. La paix mondiale n'est pas établie par le Traité, mais il la prépare. Elle ne sera pas le repos, mais le travail. Elle doit être, on a pu le dire justement, une paix de vigilance et d'action, et, suivant le mot, souvent cité, du Président de la République, « une création continue ». C'est le point de départ d'une grande œuvre, à laquelle doit se consacrer toute l'énergie de notre nation.

Nous venons de dire les premières tâches qui s'imposent à notre Gouvernement, tâches auxquelles le Parlement devra être appelé à donner tous ses conseils et tout son concours.

Il nous faut, par des conversations avec nos alliés, éclairer toutes les clauses obscures des conventions, les interpréter et les préciser, afin qu'il ne subsiste aucun doute dont puisse naître un dommage pour nos intérêts et nos droits, et développer au besoin les textes qui prévoient

ou exigent certains accords complémentaires.
Il y a, avons-nous dit à plusieurs reprises, des
portes ouvertes : il faut les franchir et tracer
nettement les voies vers nos buts définitifs.

Il nous faut compléter, nous le répétons, nos
traités d'alliance par des conventions d'exécution.

Nous espérons bien qu'un jour viendra où la
Société des Nations, gardienne fidèle de la justice et du droit, aura entre les mains les armes
suffisantes pour assurer le maintien de la sécurité de chacun de ses membres.

Mais, en attendant la constitution de cette force
internationale que nous appelons de tous nos
vœux, il faut bien, puisque nous demeurons encore sous le régime des alliances militaires,
qu'elles soient complètes et effectives; elles ne
le seront que si chacun sait le temps, l'importance numérique, toutes les conditions du concours armé sur lequel il peut compter.

Il nous faut achever par des ententes avec la
Belgique d'une part, l'Italie de l'autre, l'organisation de la défense du front occidental.

Les Puissances alliées comprennent, d'un
côté, un groupe continental, de l'autre deux
grandes Puissances d'outre-mer; celles-ci seules
sont engagées envers nous, mais nous avons
à suivre toute une politique continentale. Notre
frontière de défense militaire, en réalité, ne
va-t-elle pas de l'embouchure de l'Escaut aux
bords de l'Adriatique?

Nous savons que des conversations ont déjà
eu lieu avec la Belgique. Nous n'oublierons ja-

mais l'héroïsme avec lequel elle s'est jetée, du premier jour, à la ligne de défense du droit. De son côté, elle n'oublie pas que c'est grâce à nous surtout qu'elle a pu obtenir les satisfactions territoriales et financières qui lui étaient dues. La France et la Belgique sont unies désormais par des liens que rien ne pourra jamais dénouer.

N'est-il pas bon pour les deux pays, de constituer et de fixer les conditions de cette union et de la traduire en actes?

Notre Commission en est convaincue, elle est également unanime à penser qu'il doit en être de même avec l'Italie. Les soldats italiens ont combattu à côté des nôtres sur les fronts de Champagne et d'Orient. Notre sang latin s'est mêlé dans le présent comme dans le passé, pour les mêmes nobles causes, sur les mêmes champs de bataille. Il ne faut pas que des incidents passagers, purement locaux, puissent troubler nos esprits et obscurcir à nos yeux une vérité permanente. Nous devons, dans l'avenir, continuer à nous tenir côte à côte. Il y a là, pour les deux grandes démocraties latines, un intérêt politique essentiel, une véritable nécessité morale.

Enfin, il nous faut, nous n'avons pas besoin d'y revenir, conclure avec nos alliés des accords financiers, qui, seuls, permettront à la France de tirer des clauses relatives aux réparations, les ressources indispensables pour faire face à des charges effroyables.

Nous savons que M. le Ministre des Finances, se plaçant autant au point de vue général qu'au point de vue de nos intérêts nationaux, avait proposé à la Conférence la création d'une section financière de la Société des Nations. L'idée elle-même n'a pas été repoussée, mais nous ne savons pas comment et quand elle se réalisera. En attendant, c'est avec nos alliés que nous devons agir en commun, il y a eu entre eux et nous, pendant la guerre, une véritable mutualité financière qui a grandement contribué à la victoire commune. Elle doit se maintenir après la paix. Elle sera, il faut que tous le comprennent, également profitable à tous. Le relèvement rapide de l'activité économique de la France est un élément essentiel de la prospérité universelle.

Dans ces tâches prochaines, nous savons les difficultés que notre Gouvernement rencontrera. Nous ne devons pas oublier que sur tous les Etats du monde a pesé jusqu'ici le plus lourd des héritages, celui de tant de guerres du passé, où chacun d'eux a été entraîné par les ambitions, par l'instinct de violence et de cupidité; qu'il subsiste encore au fond des âmes d'obscures impulsions qui risqueraient trop facilement de les entraîner à nouveau dans les voies de la vieille injustice, et qu'il faut, chez tous, un effort presque surhumain de conscience et de volonté pour créer en soi l'âme nouvelle qui doit être demain celle de l'humanité.

Ce ne sont pas les Gouvernements qui à eux seuls pourront produire ce grand effort. Ils su-

bissent le poids de lourdes responsabilités quoti-
diennes,ils craignent de compromettre les grands
intérêts dont ils ont la charge immédiate en cé-
dant à des sentiments dont, peut-être, en face
d'eux, d'autres chefs d'Etat n'auront pas le
même souci.

Il y a, enfin, tant de préjugés traditionnels
qui hantent encore les esprits, des habitudes qui
entravent les initiatives et, par peur des responsabilités, découragent de l'action. Aussi, ce n'est
pas seulement au Parlement que nous demande-
rons de soutenir notre cause auprès des autres
Etats. C'est la Nation française qui s'adresse aux
Nations alliées elles-mêmes. Ne craignons pas
d'en appeler à l'âme des Nations libres. C'est
Pascal qui a parlé de « l'opinion saine du peuple ». Il n'est pas entravé, lui, par les responsabilités personnelles, il ignore les habiletés de la
politique, mais il comprend les principes sains
de justice et de solidarité. Il faut, dans nos démocraties occidentales, par la parole et par les
écrits, par des propagandes où devront s'associer
les plus hautes intelligences, les compétences les
plus expérimentées, créer les puissants courants
d'opinion qui donneront aux Gouvernements la
force nécessaire pour rompre les barrières de
glace qui font encore obstacle à la fondation de
l'ordre nouveau.

Une grande tâche de mutuelle éducation s'impose aux démocraties pacifiques. Elles sauront
parler le même langage et maintenir sur le terrain du droit leur indestructible union.

II

Messieurs, le 7 novembre 1918, le Sénat, par un vote unanime, rendait un juste hommage à tous ceux dont le noble effort nous avait assuré la victoire. Cette victoire, qui est celle du droit, la France aujourd'hui doit la poursuivre. Forte de la grandeur morale qu'elle s'est acquise par le génie de ses chefs, par l'endurance héroïque de ses soldats, par l'attitude admirable de ses populations envahies et opprimées, par le labeur persistant, par la confiance stoïque de son peuple entier, elle a, plus que jamais, un rôle à jouer dans le monde. Mais, pour le jouer, il faut d'abord qu'elle conserve l'unité de pensée et l'énergie de volonté qui lui ont permis de vaincre et qui l'assureront de gagner la paix définitive comme elle a gagné la guerre.

Entendons-nous bien. Il ne s'agit pour personne de renoncer à ses opinions. N'espérons pas et ne souhaitons pas que les partis politiques disparaissent; il faut et il suffit qu'ils se respectent et se tolèrent.

Les partis dignes de ce nom représentent des idées et la lutte de ces idées est la loi même de la liberté.

Mais il est des nécessités supérieures devant lesquelles tous doivent s'incliner : il faut que la France vive, que les sacrifices qu'elle a acceptés n'aient pas été vains; il faut qu'elle sorte de cette guerre plus grande, plus forte, plus sûre de son avenir.

La grande tâche du relèvement financier et économique ne peut s'accomplir qu'à deux conditions :

1° La rigoureuse économie des dépenses;
2° L'énergique reprise du travail dans toutes les branches de la production nationale.

Pour que cela soit, il faut, après la paix extérieure, la paix intérieure, basée, elle aussi, non sur un équilibre de forces entre des combattants, mais sur l'entente sociale.

La Révolution de 1789 a mis l'égalité politique entre les hommes; il faut aujourd'hui établir entre eux la justice sociale. Il ne faut la dictature d'aucune classe; la justice n'est pas dans une nouvelle lutte de classes, elle est dans la disparition des classes devant la justice pour tous. Nous ne poursuivons pas la suppression des ... étrangères pour favoriser le développe-ment des guerres civiles; la lutte des classes, c'est la guerre civile à l'intérieur de tous les pays, c'est le retour universel de toutes les violences que nous avons combattues et condamnons. Nous ne sommes pas de l'un ou de l'autre côté de la barricade. Bas les armes! Nous voulons être debout sur les débris nivelés de la barricade que l'effort de tous aura renversée.

Une âme commune est née aux tranchées, dans la souffrance et devant la mort, elle doit survivre dans le travail en commun, pour que l'existence soit également douce à tous dans notre pays enfin reconstitué.

Nous avons rappelé ce passage du Traité, sur la

dignité du travail humain, où les Nations alliées
et associées affirment solennellement que la justice sociale est une condition essentielle de la
paix universelle.

La France, là encore, se doit à elle-même de
donner l'exemple. C'est en maintenant, en organisant chez elle, dans la solidarité de tous, la juste
paix sociale, qu'elle sera capable de jouer à l'extérieur le rôle que lui promet son génie. Ce rôle,
c'est celui qu'elle a tenu dans l'Histoire depuis
qu'elle a pris conscience d'elle-même, qui s'est
précisé avec la Révolution française, qui l'a faite,
pendant tout le dix-neuvième siècle, le défen-
seur des nationalités opprimées, c'est le rôle
qu'elle a merveilleusement tenu pendant la guerre, où elle a été le grand soldat du droit, celui
qu'elle tient dans le Traité lui-même, où elle n'a
rien demandé que le droit. C'est celui qu'elle
saura maintenir demain dans la Société des Nations.

Notre diplomatie, plus avertie, mieux orientée,
devra tendre chaque jour davantage vers l'organisation plus équitable, plus cohérente de la Société internationale. La France saura poursuivre sa haute mission : fortement appuyée, d'une
part, sur ses grands alliés, auxquels elle s'est
unie pour la cause commune de la liberté universelle, elle trouvera, d'autre part, groupés d'eux-
mêmes auprès d'elle tous les peuples faibles qui
la considèrent toujours comme leur protectrice;
tous ces jeunes Etats qu'elle a contribué à rappeler à l'indépendance et à la vie, ne sont-ils pas
pour elle comme d'autres alliés naturels : Polonais, Tchéco-Slovaques, Yougo-Slaves, Rou-

mains, Hellènes, tous savent qu'elle n'est jamais venue à l'aide des opprimés pour, ensuite, les dominer ou les asservir.

Elle sera avec eux, pour maintenir l'équilibre des droits dans le plateau de la balance, afin que les puissants ne puissent plus le rompre sous le poids de leurs armes.

Cette guerre a donné une grande leçon au monde. Entre la force et l'autorité despotiques, considérées comme les instruments nécessaires de la victoire, et la pleine liberté démocratique, dont on disait qu'elle affaiblirait la puissance militaire de notre pays, c'est la liberté qui a vaincu l'autocratie et c'est le droit qui a vaincu la force. C'est cette vérité qui doit désormais éclairer la route de l'humanité.

II

DISCOURS PRONONCÉ AU SÉNAT

LE 9 OCTOBRE 1919

INTRODUCTION

Messieurs,

La Chambre des députés a, dans sa séance
du 2 octobre, voté la ratification du traité conclu
à Versailles, le 28 juin 1919, entre la France et
les nations alliées et associées, d'une part,
l'Allemagne, d'autre part. Votre Commission
des affaires étrangères, à l'unanimité, propose
au Sénat d'émettre à son tour un vote favorable.

Messieurs, je ne songe pás, à l'heure où
nous sommes, à reprendre à cette tribune l'examen de chacune des parties du traité, ni la discussion de toutes les critiques qu'elles ont
soulevées. C'est un vote d'ensemble, qu'aux
termes de la loi constitutionnelle, doit émettre
le Sénat; c'est une vue d'ensemble qu'il attend
de son rapporteur.

C'est cette vue qui a déterminé la méthode
de travail de votre Commission : elle a d'abord
chargé plusieurs de nos collègues d'une étude
précise et détaillée de chacune des parties du
traité, mais elle a tenu à ce que des conclusions
générales vous fussent présentées dans un

rapport unique, dont elle m'a fait l'honneur de me charger.

J'aurais souhaité, cependant, que ces rapports particuliers, où se marquent si fortement la compétence et l'autorité de leurs auteurs, vous fussent distribués. Nos collègues m'ont, du moins, permis d'y puiser largement, et c'est grâce à eux que j'ai pu mener à son terme une tâche extrêmement difficile et présenter, dans une sorte de bilan dressé en toute impartialité, les raisons essentielles qui ont motivé les conclusions de votre Commission et lui paraissent de nature à déterminer votre vote.

J'ajoute que votre Commission a tenu à vous présenter ses conclusions sans délai, dès que le dépôt du projet de loi l'autorisait à le faire. Elle n'aurait pas voulu être responsable d'une seule journée de retard. La nation attend avec impatience le vote de son Parlement.

On s'est plaint injustement des longs délais qu'avaient subis les négociations ; était-il possible qu'il en fût autrement pour la conclusion d'un traité qui met en cause tous les peuples dans le présent et dans l'avenir ? On a critiqué la longueur des débats de la Chambre : qu'eût-on dit si l'on avait semblé vouloir écourter — on eût dit étouffer — les libres discussions des représentants du pays, chargés de la plus terrible des responsabilités, puisque, de leur vote, peut dépendre la vie même de la nation ?

Mais on ne peut méconnaître que le grand mouvement d'enthousiasme qui a transporté l'âme française au lendemain de la victoire a peu à peu fait place à certains sentiments de doute, d'inquiétude même, qui ne peuvent se prolonger sans péril. Le fait brutal est là ; il y a onze mois que l'armistice est signé et qu'on a acclamé la victoire ; il faut que la vie normale reprenne dans ce pays ; il faut que le travail retrouve son activité, les initiatives leur confiance ; il faut conclure, parce qu'il est grand temps d'agir.

QUE VEUT LA NATION?

Messieurs, il y a trois degrés dans l'acceptation d'un traité : la signature des gouvernements, la ratification formulée par les pouvoirs publics, enfin, l'acceptation définitive, je veux dire la ratification morale donnée par les peuples eux-mêmes, la seule qui comptera dans l'avenir.

C'est à ceux-ci que doivent être, avec une scrupuleuse impartialité, soumis, en dernier ressort, les motifs du jugement.

Que veut la nation tout entière? C'est savoir si le traité du 28 juin lui donne les biens essentiels que lui promettait la victoire.

Dans le présent, la paix donne-t-elle à la France les restitutions de ses droits violés, la réparation de ses effroyables pertes, le relèvement de ses ruines, la sécurité de sa frontière retrouvée?

Et, dans l'avenir, la France et le monde avec elle seront-ils assurés dans toute la mesure où peut le faire la volonté humaine, contre les retours de la barbarie qui a ensanglanté la terre?

A ces deux conditions, le peuple, à son tour, ratifiera le traité.

Et quand nous disons le peuple, c'est le peuple tout entier : c'est ce que veulent, sans distinction de parti ni de classe, paysans comme ouvriers, l'élite intellectuelle aussi bien que celle du commerce et de l'industrie nationale, tout ce qui pense et tout ce qui travaille.

Le peuple français sait bien que la victoire n'est pas une fin, mais un moyen ; il n'y voit pas le terme de ses efforts, mais le commencement d'une tâche nouvelle, le premier jour de cette « création continue » dont a parlé le Président de la République. Avec un égal sang-froid, une égale résolution, il ratifiera la paix, comme en 1914, il a ratifié la guerre. Il donnera sans compter les forces merveilleuses de la race s'il est sûr que cette paix maintiendra dans l'avenir à la France, sous l'empire du droit, le rang que lui a donné l'héroïsme de ses soldats, qu'exige la mémoire de ses morts, le rang et le rôle qui, seuls, sont dignes de son honneur et de son génie.

Voilà ce que veut la France, et ce ne sont pas les vivants seulement, ce sont ceux qui se sont sacrifiés à la patrie qui nous parlent ainsi. C'est la voix des morts eux-mêmes que nous devons pieusement écouter et comprendre.

En notre âme et conscience, que pouvons-nous répondre à ce vœu des vivants et des morts ?

CARACTÈRE ET ESPRIT DU TRAITÉ

Pour nous préparer en pleine liberté d'esprit et en toute conscience au jugement qu'il nous faut porter, nous devons rappeler d'abord le caractère exceptionnel d'un traité qui n'a pas de précédent dans l'histoire.

Le traité du 8 juin cherche à régler non pas seulement le sort de quelques États victorieux ou vaincus, il tend à fixer sur des bases nouvelles l'avenir des peuples des deux mondes en donnant pour base à ce statut de l'humanité, non l'équilibre des forces présentes des États belligérants, mais la reconnaissance de leurs droits réciproques, le redressement des injustices passées et de sérieuses garanties contre le retour possible de la violence. Ce qu'ont osé regarder en face les négociateurs, c'est tout l'espace de la terre et c'est tout le temps de l'humanité ; qu'on juge ou non la tentative comme pouvant dépasser les forces humaines, nul n'en peut nier la noblesse, nul n'a le droit de se refuser à la seconder.

Les difficultés étaient immenses ; l'esprit de justice devait animer l'œuvre tout entière, et le vaincu, dont la ruse et la duplicité sont les armes familières, devait tenter en toutes occasions, de le faire fléchir, en protestant de son innocence, contre toute vérité.

Entre les Alliés eux-mêmes, disons-le franchement et sans aucune pensée de blâme, il devait y avoir des divergences d'appréciation dues à l'inégalité des risques courus, des souffrances supportées, des sacrifices consentis.

La France et la Belgique seules savaient ce qu'est une plaie ouverte jusqu'au cœur.

Enfin, pour chacun des Gouvernements représentés à la Conférence, des difficultés graves de politique intérieure se dressaient chaque jour; les partis politiques dans plus d'un État n'avaient pas abdiqué; ils ne manqueraient pas de chercher des armes dans les moindres clauses du traité.

Monsieur le Président du Conseil, nous n'ignorons rien des difficultés sans nombre devant lesquelles vous vous êtes trouvé; vous les avez exposées à notre Commission, et je puis dire que j'en ai été personnellement et plus d'une fois le témoin. Dans les réserves que nous apporterons, dans les critiques que nous imposera notre devoir, je suis sûr que vous ne verrez vous-même que le souci qui nous est commun du bien du pays. Il s'agit pour nous uniquement de la France et de la cause du droit, qui est la cause même de la France. Il serait criminel de laisser toute autre pensée se glisser dans nos jugements.

C'est ce même souci, qui, dans l'analyse du traité, nous a fait mettre en lumière tout ce qu'il contient de germes de développement, de possibilités d'action pour l'avenir.

En interprétant clairement les clauses du traité, en montrant tout ce qu'elles permettent et tout ce qu'elles préparent, en indiquant quelle politique doit être tirée du traité pour répondre à la pensée profonde et à l'intérêt suprême de la France, le Parlement donnera au gouvernement et à la diplomatie de notre pays de puissants moyens pour achever l'œuvre.

¡LES CLAUSES ESSENTIELLES DU TRAITÉ

Quelles sont les idées essentielles qui se dégagent des 440 articles du Traité du 28 juin?

Son principal objet, celui qu'il a, croyonsnous, atteint dans la mesure la plus large, a été de rétablir entre les nations le droit violé depuis plus d'un siècle et demi de guerres de conquêtes.

Le traité affirme le droit des peuples à disposer d'eux-mêmes. Depuis le milieu du dixhuitième siècle, l'Europe a été bouleversée par la force; en 1772, le partage de la Pologne, en 1815, le morcellement de l'Italie, en 1864, l'invation des duchés, en 1870, le rapt de l'Alsace-Lorraine ont créé sur la surface de l'Europe des zones de servitude et des foyers, qui jamais ne se sont éteints, de revendications et de révoltes. Le traité a entrepris de les faire disparaître.

L'Alsace-Lorraine nous est d'abord restituée sans conditions, et, par une dérogation unique à toutes les dispositions du traité, nos deux provinces nous reviennent libres de toutes charges, quittes de toutes dettes publiques.

Près de deux millions de Français rentrent au foyer de la patrie.

Nous répétons ici ce que nous avons écrit dans notre rapport. Ce retour à la mère patrie des chères provinces perdues fait, à lui seul, de la paix de 1919, une paix de justice et de gloire. C'est le signe éclatant de la victoire de la France et le symbole universel de la défaite de la force et du triomphe du droit.

Par toute l'Europe, les justes restitutions s'accomplissent de même. Le Sleswig est libéré, ainsi que les terres irrédentes de l'Italie. La Pologne, morcelée et vendue, est enfin reconstituée et reprend sa place glorieuse dans la liste des nations. Puis, c'est la résurrection des peuples asservis par la monarchie des Habsbourg : Tchéco-Slovaques et Yougo-Slaves voient consacrer leur indépendance et leurs droits à une vie nationale.

Imaginez, Messieurs, une carte de l'Europe où les frontières seraient tracées selon le droit et comparez à ces frontières celles que fixe le traité, vous apercevrez qu'en somme elles ne diffèrent que dans quelques zones très limitées. Des difficultés demeurent encore, soulevées par le mélange séculaire des races, sur certains points particulièrement douloureux; mais, dans l'ensemble, on peut dire que les nations de l'Europe auront, au lendemain du traité, retrouvé la disposition d'elles-mêmes et seront rendues à la vie et à la liberté.

Ce n'est pas seulement cette réorganisation politique de l'Europe que nous donne le traité. Il crée vraiment pour l'Europe une vie économique nouvelle. L'Allemagne, depuis 1870, avait entrepris toute une politique de pénétration et d'emprise économique et financière au service de laquelle elle savait mettre à la fois la duplicité de ses diplomates, l'audace et les ruses de ses gens d'affaires et les menaces de ses armées ; elle préparait ainsi l'asservissement économique, non seulement de l'Europe, mais de l'Orient ; et ses ambitions allaient encore bien au delà : c'était la Weltpolitik, la marche vers l'impérialisme mondial.

On se rappelle la démonstration qu'avait faite du plan allemand l'auteur du livre *J'accuse* : « Pourquoi, disait-il, avez-vous fait la folie d'une guerre, quand la victoire économique prochaine vous donnait sans risques l'empire du Welt ? »

Le traité a brisé cette entreprise et solidement assuré contre l'Allemagne l'indépendance économique des nations.

A titre transitoire, il dépossède l'Allemagne de tous les droits et intérêts qu'elle avait, soit chez les Puissances alliées et associées, soit dans toute entreprise d'utilité publique ou concession, en Russie, en Chine et chez ses anciens alliés. Il stipule pendant cinq années au moins, qui pourront être — et qui, selon nous, devront être — portées à dix ans, un régime spécial qui lui interdit l'établissement de tout tarif préférentiel et retourne à notre profit et au profit des alliés la clause du traité de Francfort qui lui avait donné le bénéfice de la nation la plus favorisée.

Pour l'avenir, le traité fait reposer sur deux

bases essentielles l'équilibre économique de l'Europe.

D'une part, un ensemble de dispositions sur les fleuves internationaux, les voies ferrées et les ports permettent à tous une circulation libre de toute entrave et de tout privilège particulier. La Constitution de Weimar semble vouloir rendre au *Reich* certains pouvoirs sur le réseau des fleuves de l'Europe centrale. C'est un point qu'il faut éclaircir. Si les Alliés laissaient sur ce point essentiel fléchir les droits qu'ils tiennent de l'acte de Versailles, l'un des fruits les plus précieux de leur victoire serait perdu.

D'autre part, la partie XIII donne un statut international à la législation du travail, et nous considérons cette partie du traité comme une des plus importantes, une des plus dignes de recevoir votre unanime approbation.

Vous vous rappelez les termes de ce préambule, où les auteurs du traité ont solennellement proclamé la loi de l'organisation internationale du travail, où ils ont affirmé ces principes que le travail ne doit pas être considéré comme une marchandise ou un article de commerce, et que la misère humaine met en danger la paix universelle. C'est, comme le dit à votre commission notre collègue M. Chéron, cent trente ans après la Déclaration des droits de l'homme, une déclaration nouvelle qui fixe les droits de l'individu dans le domaine social.

En rendant égales pour tous les Etats les conditions justes et humaines du travail, les articles 387 à 427 du traité permettent la réalisation de réformes sociales que les différences de législation et l'inégalité des conditions de la production avaient rendues jusqu'ici, malgré tant d'efforts poursuivis dans les congrès internationaux, pratiquement impossibles.

Si les nations alliées et associées tiennent les promesses ainsi solennellement faites au monde du travail — et la France devra s'y appliquer énergiquement —, si, par une action continue, elles donnent à l'organisation permanente qu'elles ont créée la vie, la vie intense qui lui est nécessaire, un pas décisif aura été fait vers la justice sociale, que le traité lui-même reconnaît comme une condition essentielle de la paix.

En somme, une nouvelle Europe, où les limites des Etats sont tracées suivant les règles de la volonté des peuples et de la justice, un monde économique dans lequel il sera rendu beaucoup plus difficile aux audacieux et aux puissants d'attenter à l'indépendance économique des plus faibles, un monde social où peut s'organiser, dans la solidarité de tous, dans la dignité du travail humain, la paix intérieure, condition de la paix extérieure, voilà ce que doivent être les résultats essentiels du traité du 28 juin.

LES CLAUSES ESSENTIELLES
DE LA SOCIÉTÉ DES NATIONS

Pour maintenir et garantir cet état de choses, un organe international est créé ; pour la première fois dans l'histoire, une institution s'élève au-dessus des intérêts contraires et des ambitions rivales des différents Etats.

Nous n'ignorons rien des lacunes du pacte ; nous les avons, dans notre rapport, signalées avec force, et l'on nous permettra de rappeler qu'une commission française, constituée par notre éminent collègue M. Ribot, avait dressé un projet de statut de la Société des Nations qui eût donné à cette institution tous les pouvoirs nécessaires à l'exercice de son autorité. Nous rappellerons également que la délégation française à la Commission de la Conférence de la Paix n'a cessé de poursuivre de tous ses efforts ce que nous considérons comme indispensable à l'achèvement du pacte et à l'action efficace de la Société des Nations.

Cependant, prenons le pacte tel qu'il est. L'interdiction du recours à la guerre n'est pas

absolue; la limitation des armements reste subordonnée à la décision des Etats eux-mêmes
et le contrôle permanent n'en est pas assuré ;
enfin, la sanction militaire ne peut être réellement efficace tant que la force internationale
ne sera pas puissamment organisée.

Mais il n'en est pas moins vrai que par l'article 10, la Société des Nations prend l'engagement de garantir contre toute agression extérieure l'intégrité territoriale et l'indépendance
politique de ses membres ; et qui pourrait nier,
quelles que soient d'ailleurs les lacunes ou les
faiblesses des dispositions qui en règlent l'exécution, la haute valeur morale et politique
d'un engagement aussi solennel ? Le Pacte établit l'obligation pour tous les membres de la
Société de soumettre tout différend pouvant
survenir entre eux, soit à l'arbitrage, soit à
l'examen du Conseil; et il déclare, à l'article 16,
que si un Etat n'a pas suivi cette procédure,
ou si, après l'avoir suivie, il entre en guerre,
soit avant l'expiration des délais fixés pour la
sentence arbitrale ou pour la décision du Conseil, soit dans les trois mois qui suivront cette
sentence ou cette décision, il sera *ipso facto*
considéré comme ayant commis un acte de
guerre contre tous les autres États. Ceux-ci
s'engagent à rompre immédiatement avec lui
toutes relations commerciales ou financières,
à interdire tous rapports entre leurs nationaux
et ceux de l'Etat en rupture de pacte : sanction,
celle-ci, nettement obligatoire, et qui, le plus
souvent, sera suffisante pour décourager toutes
les tentatives de résistance. En même temps,

le Conseil doit indiquer aux divers Gouvernements intéressés les contingents militaires ou navals qu'ils devront respectivement fournir pour constituer la force internationale.

Enfin, le Pacte groupe fort heureusement autour du système politique et juridique de la Société des Nations tout un ensemble de règles et d'organisations destinées à assurer le développement des intérêts internationaux, qu'il s'agisse de la protection du travail humain, de la répression de la vente des femmes et des enfants, du trafic de l'opium, de la liberté des communications et du transit, de la lutte contre les maux sociaux.

En somme, l'idée qui domine l'ensemble de ces dispositions du traité et du pacte est très claire : le traité a d'abord voulu rétablir chacune des nations dans son droit; et, cet état de choses conforme à la justice étant institué, le pacte cherche à le protéger contre les risques à venir; au lieu de laisser chacun des Etats chercher dans une lutte contre tous les voies de sa destinée future, il veut que l'entente soit scellée entre tous contre celui qui tenterait, contrairement au droit, d'entraver le libre et juste développement des autres.

V

LA FRANCE ET LES CLAUSES FINANCIÈRES

Voilà l'ordre nouveau, tel qu'il devra naître du traité, si nous savons le vouloir; mais quelle va être dans cette Europe, dans ce monde de demain, la situation de la France? Pourra-t-elle trouver là avec certitude toutes les garanties nécessaires à son relèvement dans le présent, à sa grandeur dans l'avenir?

Elle ne demande, nous l'avons dit et répété bien souvent, que son droit, et c'est là sa force incomparable, celle qui lui permettra de parler hautement et fièrement dans le concert universel.

Deux graves inquiétudes préoccupent justement ceux qui ont la responsabilité de ses destinées; pour qu'un Etat puisse bénéficier pleinement de l'ordre international établi par le traité, il faut qu'il soit dans une situation comparable à celle de ses associés, en deux mots à égalité avec eux, au point de départ. Or, la France a, plus que tout autre pays, souffert des désastres de la guerre. C'est à un million cinq cent mille que s'élève le nombre de ses morts, à près de deux millions celui de ses blessés et de ses mutilés, le dixième de son territoire a été envahi, ses usines y ont été détruites, ses villages rasés, ses villes sont des monceaux de pierre, sa terre elle-même a été bouleversée. Pendant des années, il va lui falloir consacrer toute son activité à relever ses ruines, à faire renaître ses industries; elle sera devancée sur tous les marchés du monde par tous ceux qui n'ont point autant souffert et, tant que sa puissance de production ne sera pas complètement restituée, les conditions de la vie seront plus difficiles chez elle que partout ailleurs, et toute crise économique engendre un péril social.

Le traité lui apporte-t-il à cet égard les compensations, les moyens de relèvement rapide qui lui sont indispensables?

Nous avons, dans notre rapport, essayé d'évaluer les pertes subies, les réparations offertes.

Nous avons indiqué, d'après les chiffres donnés provisoirement par le Gouvernement et susceptibles d'être considérablement augmentés, que, laissant en dehors les frais de la guerre, notre créance s'élèverait à 163 milliards environ, dont 85 milliards pour la reconstitution des régions envahies. Ce chiffre est, d'ailleurs, bien inférieur à celui de 134 milliards auquel s'est arrêté le rapporteur de la Chambre des députés, et qui porterait notre créance totale à 209 milliards.

L'Allemagne pourra-t-elle payer? M. le Ministre de la Reconstitution industrielle a montré à la Chambre avec quelle rapidité se reconstituait la puissance de production de l'Allemagne. Le succès extraordinaire de la grande foire de Leipzig en a donné la preuve frappante. Partout les commandes du dehors affluent en Allemagne et sa main-d'œuvre à meilleur marché lui permettra de reprendre sans retard le cours ancien de ses exportations.

Mais, voudra-t-elle payer?

Rappelez-vous les termes dans lesquels, à l'Assemblée de Weimar, ceux-là mêmes qui ont voté le traité ont multiptié leurs protestations et déclaré qu'ils n'auraient point de répit qu'ils n'eussent déchiré cette paix qu'ils subissaient sans l'accepter.

Rappelez-vous, il y a quelques jours à peine, les audacieuses paroles d'un des ministres du *Reich*, affirmant que l'Allemagne ne reconnaissait pas sa défaite et ne payerait pas les milliards qui lui sont imposés.

En tout cas, il suffit de constater que ce remboursement ne doit pas commencer avant 1921 et doit ensuite s'échelonner sur un nombre d'au moins trente années, pour voir quel abîme financier se trouve d'ores et déjà, par ce fait même, créé dans l'équilibre de nos finances.

Les sommes nécessaires à la réparation de nos pertes, nous les devons acquitter, aux termes de nos lois, entre les mains de nos sinistrés, de nos pensionnés, à des échéances fixes, prochaines, souvent immédiates.

Supposons efficaces les moyens offerts par le traité pour obliger l'Allemagne au règlement total des indemnités, y compris les moyens extrêmes que M. le Ministre des Finances a résumés devant la Chambre. Ils vont jusqu'au blocus et à la réoccupation militaire, et les risques politiques qu'ils entraînent ne peuvent pas être niés. Admettons même, enfin, que les pouvoirs les plus étendus soient donnés à la section financière de la Société des Nations, dont M. Klotz escompte la création, à laquelle nous devrons en effet travailler de toutes nos forces. Tout étant ainsi au mieux dans l'interprétation, les applications, le développement du traité, quelle sera· en fin de compte, notre situation ?

Le traité (annexé 2, § 12 B) fixe l'extrême limite où il nous sera permis de parvenir. La Commission des réparations examinera la situation financière de l'Allemagne « de façon à acquérir la certitude qu'en général le système fiscal allemand est tout à fait aussi lourd proportionnellement que celui d'une quelconque des Puissances représentées à la Commission ».

Aurait-il été injuste d'admettre que la charge fût plus lourde pour ceux qui sont responsables de la ruine du monde que pour ceux qui ont versé si généreusement leur sang pour le sauver ? Et financièrement. ne peut-on dire que, dans cette partie du moins du traité, la paix établie n'est pas une paix de victoire ?

Le fait est là. Même en supposant l'exécution intégrale du traité, un énorme passif va, pendant trente ans au moins — mais plus lourdement encore pendant les premières années — obérer les finances françaises. Or, n'oublions pas que nos dépenses de guerre ont été écartées. On en a donné des raisons dont nous ne méconnaissons pas la valeur, mais quelles qu'elles soient, c'est une charge formidable qui pèsera pendant bien des années sur le contribuable français. Comment pourrons-nous alléger ce fardeau écrasant, afin de permettre au ressort de notre vie économiqne de se tendre à nouveau avec toute sa puissance?

Messieurs, de toutes parts, une même réponse a été faite à cette redoutable question. OEdipe est devant le Sphinx; disons hautement qu'il ne doit pas être seul à déchiffrer l'énigme d'où dépend sa vie.

Les Alliés ont admis le principe de l'égalité des contribuables allemands et des contribuables les plus chargés parmi les Alliés. Par un esprit de modération, ils ont voulu que l'ennemi ne succombât point sous un fardeau insupportable : le même sentiment ne les oblige-t-il pas à répartir entre tous le fardeau insupportable qui peut écraser celui d'entre eux qui a le plus longtemps combattu avec tous ses biens et tout son sang et qui a le plus cruellement souffert?

Pour nous, nous ne doutons pas de la réponse, si la question est clairement, hautement, dignement posée par la France, parlant là encore seulement au nom de la justice.

Nous avons indiqué dans notre rapport les points sur lesquels pouvaient porter utilement les négociations que nous croyons, d'ailleurs, déjà ouvertes avec nos Alliés.

Il convient d'obtenir qu'une affectation de priorité soit assurée à la France, comme elle l'a été pour la Belgique, sur les versements de l'Allemagne pour la réparation des dommages de nos régions dévastées.

Qu'au cas où l'Allemagne viendrait à obtenir, dans les termes de l'article 234, soit de la Commission des réparations, soit des Puissances elles-mêmes, des ajournements dommageables à nos intérêts, la perte qui en résulterait ne fût pas supportée par nous seuls, mais équitablement répartie entre tous.

Qu'enfin la dette de l'Allemagne reconnue par elle, mais qui ne peut être acquittée qu'à termes successifs s'étendant à trente ans au moins, fût traduite en obligations de valeur négociable garantie par tous les Alliés et permettant ainsi à chacun d'eux de se procurer le crédit indispensable.

Depuis le dépôt de notre rapport, la Chambre des députés a adopté, d'accord avec le Gouvernement, à l'unanimité, une résolution sur le même sujet. Nous ne voulons pas entrer actuellement dans l'examen détaillé du texte voté par la Chambre, nous en retenons l'idée essentielle, entièrement conforme à la nôtre, celle de la solidarité financière qui doit être étroitement maintenue entre les nations alliées.

En exprimant hautement, unanimement, cette pensée, nous donnerons au Gouvernement de la République la force nécessaire pour mener à bien les négociations que nous croyons déjà commencées.

D'ailleurs, ce n'est pas seulement entre les Gouvernements, c'est entre les Parlements des nations alliées, c'est-à-dire entre les Nations elles-mêmes, que doivent se poursuivre ces échanges de vues et se manifester la communauté de ces sentiments.

On sait bien que la France ne demandera aucun privilège; qu'en parlant ainsi elle invoque simplement la nécessité de cette mutuelle assurance à laquelle, pour sa part, elle n'a jamais manqué vis-à-vis de ses alliés, au cours des années de péril. Or, qui donc peut croire le péril définitivement conjuré ?

Dans l'interdépendance toujours croissante des conditions des échanges universels, la reprise rapide de l'équilibre financier d'une nation comme la nôtre est une condition de la prospérité de toutes les autres; le Sénat français a pleine confiance dans la force de ce sentiment élevé qui a formé le faisceau des nations libres. L'unité du front militaire a donné aux Alliés la victoire, l'unité du front financier peut seule leur assurer, dans la paix, le fruit définitif de cette commune victoire.

En parlant ainsi, le Sénat est sûr d'exprimer le sentiment unanime du peuple français.

LA FRANCE ET LES CLAUSES MILITAIRES

Mais pour que ce relèvement de la France soit possible, il faut que sa sécurité extérieure soit à l'abri de toute atteinte.

Quelles garanties lui donne à cet égard le traité du 28 juin ? La limitation des armements de l'Allemagne est prescrite ; sa flotte de guerre est détruite ; ses effectifs doivent être réduits à 100 000 hommes ; toute artillerie lourde lui est interdite, et le nombre de ses canons de campagne est fixé à 288 pièces de 77 et de 105, l'ensemble de ses armements est limité dans la même proportion ; toute réorganisation générale de son armée est proscrite et des commissions interalliées, organisées aux termes des articles 203 et suivants, sont chargées, dans des limites de temps déterminées, d'assurer les livraisons et les destructions nécessaires.

En outre, et pour l'avenir, l'Allemagne a promis de se prêter à toute investigation reconnue nécessaire par le Conseil de la Société des Nations. Mais celle-ci n'a pas, on le sait, d'organe permanent de contrôle et de vérification.

Jusqu'ici, sauf en ce qui concerne la flotte,

les mesures prescrites ne semblent avoir reçu
aucun commencement réel d'exécution.

M. Clemenceau, président du Conseil, ministre
de la Guerre. — Cela ne sera possible qu'après
la ratification du traité.

M. le rapporteur. — Je ne dis pas le contraire, mais en fait...

Le président du Conseil. — Les mesures dont
vous parlez ne peuvent recevoir d'exécution
avant le moment où le traité aura été ratifié.
Déjà, nous avons envoyé à Berlin une Commission de plus de cent officiers, présidée par le
général Nollet, pour y préparer l'œuvre des
commissions de contrôle.

M. le rapporteur. — Nous sommes très heureux de penser que, dans un délai très court,
l'exécution suivra.

Le président du Conseil. — Après la ratification du traité.

M. de Selves, président de la Commission des
affaires étrangères. — Ceci montre l'urgence de
la ratification.

M. le rapporteur. — Monsieur le président du
Conseil, nous sommes d'accord. La ratification
du traité doit donc être aussi prochaine que
possible pour en permettre l'exécution.

D'après des chiffres fournis à la Chambre et
que l'on n'a point contestés, l'Allemagne aurait
actuellement une artillerie de 5 000 canons de
tous calibres et un stock de 25 millions d'obus.

M. Gaudin de Villaine. — Et 800 000 hommes.

M. le rapporteur. — On assure, d'autre part,
que les fabrications d'armes et de munitions
continuent.

Et l'on voit par les opérations militaires que, soit ouvertement, soit de façon indirecte et dissimulée, elle ne cesse de poursuivre sur sa frontière orientale, combien son désarmement est, et peut demeurer encore longtemps, illusoire.

Une autre garantie nous est donnée par la neutralisation des provinces rhénanes jusqu'à 5o kilomètres à l'est du Rhin et par l'occupation pendant une période variant de cinq à quinze ans, de la rive droite et des ponts du Rhin.

Nous ne reprendrons pas ici les discussions qui se sont élevées sur la question du Rhin. Nous avons publié dans notre rapport le mémoire du Gouvernement français du 25 février et les motifs donnés par lui pour l'adoption du système établi depuis par le traité.

A l'heure présente, ces débats rétrospectifs nous paraissent inutiles. Prenons le fait tel qu'il est. L'occupation même temporaire de cette partie de l'Allemagne sera presque tout entière à notre charge ; nos alliés y concourent politiquement, mais ils ne laissent sur le Rhin que leurs drapeaux et la garde nécessaire. Quelle lourde hypothèque va grever, de ce chef, pendant plusieurs années, la réorganisation de notre défense nationale. Or, le pays tout entier attend ce premier fruit de la victoire : la réduction du temps de service militaire, condition indispensable de la reprise de la vie normale de la France.

Enfin, l'occupation de la région rhénane ne coïncide point avec les délais accordés à l'Allemagne pour l'exécution du traité ; celle-ci durera trente ans au moins ; pendant les quinze der-

nières années et les années suivantes, s'il y a
lieu, une seule mesure est envisagée : la réoccupation, c'est-à-dire une offensive militaire dont
nous avons déjà signalé la gravité politique.

Interrogé sur ce point, M. le Président du
Conseil nous a dit, d'ailleurs très loyalement :
« A partir de la quinzième année, la situation
sera celle que nous retrouverons à la trente et
unième année et à l'avenir. »

Quelle est donc notre sécurité d'avenir ? Dans
les termes du traité de Versailles, elle est évidemment incomplète, car la Société des Nations
elle-même ne peut nous offrir une garantie
certaine tant que la force internationale n'y
sera pas organisée et prête à l'action. Notre
Gouvernement et les Alliés eux-mêmes l'ont
reconnu; c'est le motif nettement invoqué
dans le préambule des deux traités d'alliance.
Le rapport de votre Commission indique les
points sur lesquels ces deux traités lui paraissent devoir être complétés : des conventions
d'exécution doivent fixer l'importance numérique et les conditions de rapidité du concours
armé qui nous est promis.

Votre Commission pense également que, puisque notre frontière de défense militaire s'étend
en réalité de l'embouchure de l'Escaut aux bords
de l'Adriatique, des ententes sont indispensables
aussi bien avec la Belgique qu'avec l'Italie.

Mais nous manquerions à notre devoir si
nous ne reconnaissions pas hautement la force
de l'appui que nous promettent deux des plus
grandes nations et nous acceptons cette affirma-

tion faite avec tant d'éloquence par M. Viviani à la Chambre : que si l'Allemagne, en 1914, avait su se trouver en face d'une triple alliance de la France, de la Grande-Bretagne et de l'Amérique, elle n'aurait pas osé risquer la guerre.

L'EMPIRE TOUJOURS DEBOUT
L'ALLEMAGNE N'A PAS CHANGÉ

Il y a un fait que nous ne pouvons cependant oublier : nous sommes et serons toujours en face de l'Allemagne dans la même situation géographique, toujours au point le plus dangereux de la frontière de la liberté. En cas de conflit, c'est nous, et nous presque seuls, qui aurons toujours à repousser le premier assaut.

Or, l'Allemagne n'est-elle pas toujours la même ? Si les Hohenzollern sont en fuite, l'Empire demeure, sous le nom de *Reich*, et l'Empire allemand n'a pas changé d'âme.

L'unité allemande a été consacrée par le traité lui-même et, de cette unité, la Prusse est toujours le foyer tout-puissant.

La Constitution de Weimar rend le bloc encore plus solide et le nouvel empire se symbolise pour nous dans ce commissaire du *Reich* que les Alliés ont consenti à recevoir dans les territoires rhénans.

L'article 61 de la Constitution a réservé aux pays d'Autriche une place dans l'Allemagne agrandie et, malgré l'ultimatum des Alliés qui n'a pas été exécuté à son terme, la radiation formelle, définitive, de cet article 61 n'a pas été obtenue.

Comment ne pas comprendre les regrets de ceux qui avaient espéré que le traité de 1919, déchirant complètement le traité de Francfort, renverserait non seulement l'empereur, mais l'Empire et nous mettrait à nouveau en présence de ces anciens Etats de la Confédération germanique avec lesquels la France a bien souvent traité et dont quelques-uns encore ont signé le traité de 1871?

Il n'en est point ainsi et l'on a pu dire que le droit des peuples à disposer d'eux-mêmes ne permettait pas qu'il en fût ainsi. Mais ce que les Alliés auraient dû vouloir, sans porter atteinte à ce droit, c'est que la Prusse fût remise à sa place et à son rang, et que sa tyrannique influence, pesante en réalité à tous ceux sur qui elle s'exerce, fût brisée en même temps que le militarisme qu'elle n'a cessé d'incarner.

C'est M. Hanotaux qui a dit : « Il faut que l'Allemagne se désenchaîne de la Prusse. » Rien n'est plus vrai, mais pourra-t-elle, à elle seule, y parvenir? L'organisation prussienne, sa bureaucratie, les liens dans lesquels elle a enserré tous ceux sur qui s'étendait sa lourde main ont, peu à peu, fait disparaître les initiatives et fait perdre à tous l'habitude de penser, par cela même d'agir, selon leurs propres sentiments, leurs propres desseins. Au lendemain du 11 novembre, devant la défaite du militarisme prussien et la rupture brusque des chaînes habituelles, un mouvement d'indépendance a paru se dessiner. Mais le pli d'une longue servitude ne s'efface pas en quelques jours et l'esclave revient de lui-même insensiblement à son joug.

C'est l'histoire de l'Allemagne depuis l'armistice. Est-il trop tard pour réagir ? N'y a-t-il pas en Allemagne des éléments qui peuvent y aider ?

Jusqu'ici, ce sont les échos de la volonté de revanche qui nous arrivent de tous côtés. Hindenburg s'adresse à la jeunesse du Hanovre et lui dit : « Nous devons redevenir ce que nous étions lorsque le nouvel empire d'Allemagne fut fondé à Versailles, alors que j'eus la bonne fortune d'être parmi ceux qui firent entendre au kaiser les premiers applaudissements » ; et, pour répondre à ces paroles, à côté d'une armée régulière forte encore de 800 000 hommes, s'organisent, sous le nom de *Zeit-freiwillig* et de gardes bourgeoises nationales, des réserves exercées et classées et toutes prêtes, avec les unions d'anciens combattants, à être utilisées en cas de guerre. Le mot du *Vorwærts* est malheureusement trop juste : « Il n'y a aucun doute : la réaction est en marche. »

Je sais bien que d'autres voix se font entendre : c'est un Allemand qui faisait récemment cet aveu : « Nous vivons encore enchaînés dans les mensonges du passé, de sorte que nous sommes à la fois incapables de juger ce passé ou de concevoir un avenir différent de lui. L'épreuve nous a aigris sans nous instruire ; il faut nous remettre à l'école de la vie réelle. »

Et les articles de Harden, essayant d'éclairer l'Allemagne sur ses responsabilités ; les brochures de Muehlon, de Forster, sont les preuves d'une propagande qui s'accroît, à laquelle se consacrent des hommes comme Bernstein et Kautsky. L'Allemagne ne forme pas un seul bloc; la muraille offre des fissures, mais elle n'est pas prête à s'écrouler. On a dit : Il faut que l'Allemagne se convertisse. Le monde entier le souhaite et tous doivent favoriser son mouvement. Mais comme l'a affirmé avec force M. Viviani : « Il faut attendre cet événement et, jusque-là, veiller sans relâche. »

VIII

MAIS LA FRANCE A CHANGÉ

Mais existe-t-il un traité qui puisse jamais donner à une nation une sécurité totale, perpétuelle ? Lequel des grands traités de l'histoire a eu semblable vertu ? Et, quand nous songeons à ces cinq dernières années, aux développements effrayants qu'ont pris chaque jour les procédés de destruction, nous nous demandons quelles sont les frontières qui peuvent n'être jamais violées, quelles sont les forteresses réellement imprenables. L'Angleterre, dans son île, n'est plus à l'abri des avions ni des canons à longue portée. L'océan lui-même sera-t-il toujours une protection suffisante ?

La vérité est qu'un traité vaut ce que vaut et ce que veut la nation qui le fait exécuter.

N'a-t-on pas le tort de critiquer le texte du traité en s'inspirant d'anciennes habitudes d'esprit ? Ne gardons-nous pas encore trop cette défiance de nous-mêmes que le souvenir des désastres de 1870 avait longtemps fait peser sur la politique de la France ?

Quand le peuple français, en août 1914, a senti se dresser contre lui la menace de l'agression allemande, ne s'est-il pas soulevé tout entier dans un unanime sursaut d'énergie et n'a-t-il pas retrouvé d'un seul coup la confiance séculaire dans les destinées de la patrie et cette volonté de vaincre qui est le premier gage de la victoire ?

L'Allemagne n'a pas encore changé, disions-nous ; mais nous, nous avons changé depuis les années d'angoisse. Tous, nous devons avoir en nous l'âme que nos soldats ont eue, eux, dès le premier jour de la guerre, l'âme de ceux qui ne doutent pas, l'âme d'une nation victorieuse.

Qu'on nous entende. L'idée qu'exprime ce mot de victorieux s'est, elle aussi, singulière-ment agrandie, épurée, si je puis dire. Le droit du vainqueur, au temps passé, allait à l'oppres-sion, à la destruction du vaincu, et c'est bien en ce sens que l'eût aujourd'hui même interprété la barbarie prussienne, si l'Allemagne avait gagné la guerre. Nous, ce que nous avons vaincu, ce n'est pas seulement l'Allemagne, c'est l'es-prit de conquête et de violence. Notre victoire est celle du droit ; c'est donc bien pour le droit que nous continuerons, si vous me permettez ce mot, à combattre dans la paix. Nous ne préten-dons ni dominer le monde, ni l'exploiter, mais nous voulons, de toute notre volonté, y assurer le respect de notre dignité et de nos droits et le triomphe pacifique de l'esprit de justice et de liberté qui est en nous.

Qui donc pourrait penser que notre peuple, dans cette tâche nouvelle, n'aura plus, pour ob-tenir les fruits de la victoire, toute l'énergie, toute la constance, toute l'audace qu'ont eues nos soldats pour obtenir cette victoire ? Sachons agir, sachons oser.

LES ARMES DONNÉES PAR LE TRAITÉ

C'est avec cet esprit nouveau qu'il nous faut aujourd'hui examiner le traité; ne renouvelons pas la faute d'Annibal; sachons profiter de la victoire.

Le traité, dit-on, ne nous donne pas toutes les armes que nous aurions souhaitées; c'est vrai. Mais examinons-le de sang-froid; nous croyons qu'il en donne de suffisantes, si nous savons, si nous voulons nous en servir.

Si l'esprit de l'Allemagne est resté le même, ses forces sont bien loin d'être ce qu'elles étaient hier; elle a, par le traité, perdu près de huit millions d'âmes; elle a perdu toutes ses flottes de guerre; elle serait sans armes contre un blocus.

Enfin, elle sera, si le traité est rigoureusement exécuté — et nous devrons nous entendre sans retard avec nos alliés pour cette exécution —, réduite à des effectifs et à des armements véritablement insuffisants pour toute agression.

La Chambre des députés a d'ailleurs été plus loin. Dans un ordre du jour voté à l'unanimité, le 3 octobre, elle a invité le Gouvernement à « s'entendre avec les Puissances alliées et associées en vue de l'exécution de toutes mesures rendant effectif le désarmement de l'Allemagne et de ses alliés par l'interdiction de certaines fabrications de guerre et par toutes autres dispositions jugées necessaires ». Le Gouvernement a accepté cet ordre du jour.

Le Sénat ne manquera pas d'approuver cette initiative et d'insister pour sa réalisation.

Ce sera, tant que le système permanent d'investigation et de contrôle international ne sera pas entré en vigueur, le plus sûr moyen de supprimer les risques d'agression.

L'Allemagne n'est plus, d'ailleurs, grâce à la neutralisation des pays rhénans, notre voisine militaire immédiate. Enfin, elle sait que toute agression réaliserait de suite contre elle la coalition formidable des trois grandes nations.

N'oublions pas encore que le traité nous donne, par l'occupation temporaire de la rive gauche du Rhin, une de ces forces que Bismarck lui-même appelait, avec une sorte de crainte prophétique, « les impondérables ». Elle nous permet, non une politique d'annexion et de conquête, mais une politique propre à réveiller les souvenirs heureux de la civilisation française, à faire revivre de vieilles sympathies, à favoriser le développement de cette volonté d'autonomie, de ce besoin de libération de la tyrannie de Berlin, dont nous apercevons déjà les heureux symptômes.

Ce rapprochement entre nous et les peuples rhénans peut être largement fortifié par le régime douanier spécial, favorable à la fois à la France et à la Rhénanie, que prévoit l'article 270 du traité et qui tissera ainsi entre nous et cette lisière allemande, dans la « pièce de drap historique » dont a parlé M. Barrès, ces trames d'intérêts dont les liens sont si forts.

Si nous jetons maintenant les yeux vers l'est de l'Allemagne, nous verrons que le traité, là aussi, donne à la France à la fois de nouvelles raisons et de nouveaux moyens d'agir, nous pourrions dire de nouveaux droits nés de nouveaux devoirs.

Le traité crée, à l'est et au sud de l'Allemagne, une série de jeunes Etats, soit sauvés du désastre par la victoire commune, comme la Serbie, la Grèce et la Roumanie, soit tirés de la servitude séculaire et ressuscités à la liberté, comme la Pologne, la Tchéco-Slovaquie, la région yougoslave, qui nous doivent en grande partie leur indépendance et leur vie. Le Traité et le Pacte font des grandes Puissances alliées les garantes de l'indépendance de ces Etats. Ils sont, si nous savons les guider et les unir, le boulevard naturel qui interdira à l'Allemagne de renouveler ses tentatives vers l'Orient. Nous pourrons compter sur eux s'ils ont compris qu'ils pouvaient compter sur nous.

Les adversaires les plus décidés du traité du 28 juin ne peuvent méconnaître que l'état de choses qu'il a créé ainsi en Europe n'ait modifié profondément le rapport des forces respectives de la France et de l'Allemagne.

Et, pour en juger complètement, nous devons rappeler le rôle qui appartient à la Société des Nations. Nous en avons déjà dit les lacunes; mais les principes sur lesquels est formé le Pacte, les pouvoirs qu'il crée, et dont tous les jours, dans les négociations du Conseil suprême des Alliés, nous voyons s'accroître l'étendue, les sanctions d'ordre économique et d'ordre financier qu'il édicte, les moyens d'action qui y sont inscrits, tout légitime les espérances que, d'accord avec M. de Las Cases, votre rapporteur spécial, et, avec moi, l'unanimité de votre Commission n'a pas craint d'affirmer devant vous.

Nous avons sans cesse demandé — comme le complément indispensable des sécurités militaires — le contrôle permanent de la limite des forces de l'Allemagne, d'abord, puis de tous les Etats, et la création d'une force internationale.

Mais déjà les principes en sont formellement inscrits dans l'article 8, qui déclare que le maintien de la paix exige la réduction des armements nationaux et oblige le Conseil de la Société des Nations à préparer et à soumettre aux gouvernements un plan général de réduction que l'Allemagne devra, pour son compte, accepter, suivant l'article 1er, avant son entrée dans la Société des Nations.

Et, par l'article 213 du traité, elle s'engage à se prêter à toutes investigations que le Conseil de la Société des Nations, votant à la majorité, reconnaîtrait nécessaires.

Nous devrons veiller à l'exécution de ces articles, et, par l'organisation de ce contrôle des forces allemandes, préparer l'établissement de cette surveillance internationale que nous avons réclamée et la limitation générale des armements.

Ce n'est pas tout. Si le Pacte n'a pas encore organisé réellement la force internationale, il la prévoit, puisqu'à l'article 8, il prescrit la réduction des armements au minimum compatible avec l'exécution des obligations internationales imposées pour une action commune, et, à l'article 16, il stipule qu'en cas de violation des engagements internationaux, le Conseil a le « devoir de recommander aux divers gouvernements intéressés les effectifs militaires ou navals par lesquels les membres de la Société contribueront respectivement aux forces armées destinées à faire respecter les engagements de la Société ».

Enfin, l'organe de préparation et de coordination de cette force internationale est en germe dans les dispositions de l'article 9, qui crée une Commission permanente destinée à donner au Conseil son avis sur l'exécution des dispositions des articles 1er et 8, et, d'une façon générale, sur les questions militaires et navales.

Donc, au point de vue du désarmement contrôlé de l'Allemagne, le traité reconnaît aux signataires du Pacte des droits absolus dont l'exercice ne dépend que de leur vigilance. Au point de vue de la limitation générale des armements et de la création d'une force internationale, le Pacte de la Société des Nations nous ouvre toutes les portes. C'est à nous de les franchir.

Depuis la rédaction de notre rapport, un nouveau fait considérable s'est d'ailleurs produit. La Chambre des députés a voté, dans sa séance du 3 octobre, la seconde motion suivante : « La Chambre invite le Gouvernement de la France : 1° à provoquer, en accord avec M. le président Wilson, qui doit convoquer la Conférence, conformément à l'article 5, et, dès que les États-Unis auront ratifié le traité, la réunion immédiate de la Société des Nations; 2° à mandater, en vue de cette réunion, les délégués de la France pour proposer l'examen des mesures qui, par la voie de la réduction progressive des armements, prévue par l'article 8 du Pacte, permettront d'aboutir au désarmement général. »

Le Sénat s'associera certainement à la pensée de la Chambre, que le Gouvernement a immédiatement adoptée.

Ce sera à sa diplomatie tout entière, par une action continue auprès des gouvernements des Etats membres de la Société internationale, de donner aux délégués de la France au Conseil la force voulue pour aboutir.

Enfin, le Pacte de la Société des Nations crée, par l'article 10, une véritable solidarité internationale qui doit être à la source même de l'esprit nouveau et qui peut, si nous savons, là aussi, faire sortir du Pacte tout ce qu'il contient, modifier profondément l'ensemble des relations entre les peuples. L'article 23 organise réellement la coopération internationale au point de vue social et économique.

Il est certain que l'ensemble des institutions créées ainsi pour développer la vie internatio-

nale et resserrer l'indépendance de tous les
membres de la Société contribuera grandement
au développement de la conscience commune et
à la souveraineté du droit.

Messieurs, sachons donc bien lire et bien comprendre tout ce que contiennent de réalité présente et de gages d'avenir les 440 articles de
cet immense Traité de Versailles.

Si certaines de leurs dispositions sont insuffisantes, c'est bien moins de leur texte que de
son exécution vigilante et des développements
qu'il permet que dépendra l'avenir.

Si nos alliés, comme nous, le veulent énergiquement, le traité du 28 juin permet à la
France — et vis-à-vis de l'Allemagne et vis-à-
vis de l'ensemble du monde — l'action d'une
grande nation victorieuse qui veut la paix et le
maintien du droit.

QUELLE DOIT ÊTRE
LA POLITIQUE EXTÉRIEURE DE LA FRANCE

Messieurs, nous venons de dire sincèrement devant le pays pourquoi nous voterons le traité et pourquoi nous espérons que la volonté nationale, qui va, dans quelques semaines, se faire entendre, approuvera notre résolution.

Mais le pays a le droit de nous demander plus encore. Le traité signé, la paix conclue, quelle va être demain la politique de la République française? Il faudra répondre à cette question.

Cette politique ne sera pas une politique secrète, d'ambitions dissimulées. Elle sera toute au grand jour, très différente, dans ses objets comme dans ses méthodes, de ce qu'on appelait autrefois les politiques de cabinet. Suivant un mot célèbre de Voltaire, faisant l'éloge de saint Louis, la France saura « accorder une politique profonde avec une justice exacte. » et s'inspirer également du plus noble idéalisme et de la plus vivante réalité. Cette politique, c'est celle de l'âme française.

Je me garderai bien de philosopher à cette

heure décisive où l'action s'impose impérieusement, mais la grande guerre a été — et c'est ce qui lui donne sa grandeur souveraine — une guerre d'idées, la guerre entre l'idée de violence et de conquête et celle du droit et de la liberté. Comme toujours, l'idée a créé ses moyens d'action : l'une a entraîné l'Allemagne dans cette organisation formidable qui l'a conduite aux abîmes, après avoir ensanglanté le monde; l'autre a déterminé chez les peuples libres la création des forces nouvelles qui leur ont permis de vaincre.

C'est cette idée qui doit continuer à vaincre Il suffit pour cela que ceux qui l'ont défendue ensemble dans la guerre, proclamée ensemble dans les actes de la victoire, restent unis pour la soutenir dans la paix. Il y a eu, dans cette grande unité morale des libres démocraties, une puissance supérieure à tout, qu'il serait criminel de laisser s'affaiblir et se disperser.

Je veux m'arrêter un instant encore avec vous, Messieurs, sur cette pensée essentielle.

Je dirai qu'après avoir ratifié le traité conclu par elles avec l'Allemagne, les nations alliées et associées ont à conclure maintenant entre elles-mêmes un traité nouveau.

M. le président du Conseil. — C'est très vrai.

M. le rapporteur. — Comme pour leurs traités d'alliance défensive, elles n'ont rien à négocier avec l'Allemagne. Elles ont à s'entendre nettement, définitivement, sur l'interprétation et le développement de tout le Traité de Versailles et sur la politique à poursuivre étroitement d'accord entre elles, pour donner toute sa portée, toutes ses conséquences, à l'acte du 28 juin et pour assurer, par là, véritablement la paix de l'Europe.

L'Angleterre et l'Amérique sont entrées en guerre, l'une en 1914, l'autre en 1917, sans y être obligées par des traités, mais par la vertu de cette foi commune au bien suprême qu'est la liberté. On a dit éloquemment que l'Amérique s'était croisée pour la liberté. Oui, la guerre a pris le caractère d'une croisade.

Est-ce que cette foi, qui a donné aux Alliés la victoire, peut s'obscurcir, s'affaiblir en eux ? Est-ce que des intérêts divergents sur des points secondaires peuvent la leur faire oublier ? Non. Il y a désormais entre les trois grandes démocraties de l'Occident une communauté profonde de sentiments et de vues, qui les oblige, non seulement à agir en commun le jour du péril, mais à penser et à travailler sans cesse en commun pour prévoir et empêcher de renaître le péril. Alors seulement l'Allemagne comprendra d'où vient la force suprême. Alors seulement elle pourra accomplir enfin sa révolution morale et accepter sincèrement le seul empire que reconnaisse la conscience, celui du droit. Voilà le langage de la France.

A nos deux grandes alliées, nous avons dit les raisons qui nous font souhaiter voir se joindre la Belgique et l'Italie. Nous dirons d'elles ce que nous venons de dire de l'Angleterre et de l'Amérique. C'est le même intérêt sacré, la même foi qui leur ont fait accepter la guerre.

Pour la Belgique, est-il même nécessaire de le

dire après l'admirable sacrifice qu'elle a consenti?

Et, quant à l'Italie, n'est-ce pas vous-même, Monsieur le Président du Conseil, qui disiez, le 11 juillet 1919, à la Commission de la Paix : « L'idée maîtresse du Traité repose sur la nécessité de maintenir la paix du monde par l'union entre les quatre puissances qui furent alliées et associées? C'est cette idée générale qui doit dominer la politique de l'univers? »

N'est-ce pas ainsi que se constituera le véritable front de l'Occident, qui s'étend des bouches de l'Escaut à l'Adriatique?

Qu'on me permette d'exprimer ici personnellement l'espoir de voir s'y associer un jour notre voisine immédiate d'Europe et d'Afrique, l'Espagne. Par cette union s'achèverait l'essor de cette âme nouvelle où se confondent l'esprit de raison et de justice des vieilles civilisations latines et l'esprit d'indépendance et de liberté des races anglo-saxonnes.

Mais la liberté ne doit pas seulement avoir ses frontières assurées à l'Occident. Le problème de l'Orient est tout entier posé devant nous. Nous ne pouvons pas l'aborder actuellement, les traités avec la Bulgarie et la Turquie n'étant pas achevés. L'heure n'est pas venue d'examiner comment seront sauvegardés les droits matériels considérables, les intérêts moraux plus précieux peut-être encore, que la France doit à son passé comme à son avenir de défendre énergiquement. La question de Constantinople, qui domine tout le problème d'Orient,ne semble pas encore avoir été discutée. Et là aussi nous devons attendre.

Mais le Traité a constitué de jeunes Etats, dont

les signataires ont assumé la défense. Tout doit être fait pour maintenir l'entente avec eux. C'est à la France de prendre au besoin les initiatives nécessaires en vue d'établir des accords avec ces jeunes démocraties et de fixer entre elles l'union étroite qui multipliera leurs forces et sera une garantie essentielle de la paix européenne.

Ce n'est pas dans un lointain avenir que ces jeunes nations doivent être par nous soutenues et fortifiées. A l'heure présente, l'Allemagne poursuit contre elles, sous les yeux des Alliés et d'accord avec les bolcheviks, non seulement les manœuvres les plus dangereuses, mais, disons le mot, malgré la paix signée par elle, elle poursuit là guerre.

Les Alliés peuvent-ils demeurer indifférents, inactifs, désarmés ?

Ici, Messieurs, vous me permettrez d'ajouter un mot au sujet du chaos où se débat la malheureuse Russie. N'est-il pas temps de nous entendre enfin avec nos alliés pour avoir vraiment, là aussi, une politique ?

Quelque différentes que puissent être leurs vues sur l'avenir, n'y a-t-il pas un devoir présent impérieux pour les démocraties occidentales, un effort commun à faire pour arrêter, pour interdire la pénétration allemande qui s'exerce cyniquement derrière le masque sanglant du bolchevisme ?

Allons-nous désespérer de voir se reconstituer suivant son propre génie et dans sa pleine liberté d'action — en dehors de toute domination allemande — cette grande nation qui fut si longtemps notre amie, qu'ont perdue les fautes et les trahisons et que, même en dehors de la nécessité politique, un sentiment d'humanité interdit aux nations d'Occident de laisser périr?

Tels sont, à nos yeux, les traits essentiels d'une politique conforme aux intérêts, aux droits, aux sentiments de notre pays.

Cette politique, la nation française ne la fera pas seulement avec les gouvernements. Elle devra la faire avec les peuples eux-mêmes.

Les alliances nouvelles n'ont pas été simplement conclues entre les chefs d'Etat. Elles se sont faites sur les champs de bataille; elles sont nées du sang versé en commun; elles étaient scellées entre les soldats alliés avant d'avoir pris forme diplomatique, autour du tapis vert des conférences. C'est pour cela qu'elles survivront.

Un gouvernement peut avoir des arrière-pensées, un ministre peut être déloyal, un peuple libre ne l'est jamais.

Cette politique entre les peuples, la France la fera dans le cadre même de la Société des Nations.

Mais cette Société des Nations, il faut qu'elle soit réellement voulue par les peuples eux-mêmes.

A ceux qui nous taxaient de rêveurs, nous avons toujours répondu et nous répondons avec plus de netteté que jamais : « La Société des Nations ne vivra sa vie que si l'opinion publique, dans l'ensemble du monde civilisé, se pénètre des bienfaits que peut apporter à tous la substitution de l'union volontaire des forces de tous à la lutte séculaire des forces rivales qui, périodiquement, ensanglante la terre. »

Les plus hautes autorités morales se sont déjà prononcées; la puissante propagande du président Wilson, les déclarations catégoriques des chefs des gouvernements alliés aux tribunes de leurs Parlements, ont pris chaque jour un ton de confiance et d'espoir. Toutes les Eglises, et l'Eglise catholique, par la voix du Saint-Siège, se sont déclarées en faveur de l'organisation de la justice et de la paix internationales.

Nous savons bien que les passions humaines sont toujours ardentes, les intérêts rivaux toujours puissants, les ambitions et les haines toujours prêtes à éclater; il faut que la masse des peuples soit éclairée, persuadée, pour qu'elle sache résister aux poussées mauvaises, aux aveugles entraînements. En deux mots, il faut que la Société des Nations soit enseignée au monde, et cette œuvre nouvelle, c'est à nous, les précurseurs, qu'il appartient de l'entreprendre.

Pendant longtemps, la Société des Nations n'a été, pour les uns, qu'un rêve d'esprits chimériques, pour les autres, qu'un vœu de lointaine espérance. Il faut que, suivant le mot du président Wilson, elle devienne aujourd'hui une nécessité. Il faut que les générations de demain croient à cette nécessité. Si la Société des Nations ne tenait pas ses promesses, ce serait la plus grave faillite morale que puisse subir l'humanité.

Un fait de ces derniers jours nous donne heureusement l'assurance que le Gouvernement de la République a marqué sa volonté. Vous avez tous lu cette lettre adressée le 4 septembre par M. Clemenceau au colonel House.

Monsieur le président du Conseil, c'est avec

une satisfaction profonde que j'ai lu cette lettre où votre confiance s'affirme si hautement. Vous avez demandé que, dès le mois de novembre, une première réunion de la Société des Nations se tînt à Washington, « afin de faire apparaître à tout le monde que la Société existe dans le plein de sa force morale ». Et vous avez rappelé « que maint article du traité mettant en cause le Conseil de la Société, tous les peuples doivent avoir l'impression que ce Conseil est prêt à fonctionner aussitôt qu'il lui sera fait appel ». Et vous avez justement marqué la nécessité « de la préparation morale des peuples », qui donnera au gouvernement et à l'action de la Société « le prestige et l'influence nécessaires pour entretenir et développer dans la paix le sentiment de solidarité internationale dont elle est née pendant la guerre. »

Ce que peut être le rôle de la France dans cette préparation morale des peuples, je n'ai pas besoin d'y insister : il est si conforme à l'esprit de justice et de générosité qui a toujours été celui de la France. La propagande se fera dans cette belle langue française, nette, claire et franche, que nous regrettons si profondément de n'avoir pas, malgré nos protestations, vu maintenir dans son rôle traditionnel d'interprète des Etats, faisant foi entre eux dès qu'un doute s'élève sur le sens d'un texte international.

M. Eugène Lintilhac. — « La seule qui ait une probité attachée à son génie », a dit Rivarol.

M. le rapporteur. — Nous espérons bien que, dans les Conseils de la Société des Nations, elle retrouvera, du consentement de tous, sa place éminente, et qu'elle sera encore, dans l'avenir, comme dans le passé, le merveilleux instrument de l'éducation universelle.

Messieurs, la politique dont nous venons de tenter l'esquisse se relie de la façon la plus claire à celle dont le génie français, considérant l'accord permanent des intérêts particuliers de la patrie et des intérêts généraux de la morale et du droit humain, n'a cessé, avec une égale persévérance et sous des aspects très divers, de maintenir l'indestructible unité.

C'est du peuple de France, avec Pierre l'Ermite, que partit le premier mouvement des Croisades.

C'est de France qu'avec Henri IV sortit le grand édit de tolérance entre les religions et le premier projet politique de paix perpétuelle.

C'est de France que partit, en 1776, inspirée et soutenue par les idées de liberté politique qu'avaient répandues nos philosophes, l'expédition de secours aux insurgents de Pensylvanie, qui assura l'indépendance de l'Amérique et nous valut cette levée d'un peuple entier venant à nous pour décider la victoire.

C'est de France encore que, nés du même éveil de l'âme nationale, surgirent le grand mouvement de pensée qui détermina 1789 et le mouvement d'action des guerres de la Révolution, qui semèrent, par toute l'Europe, les germes, aujourd'hui développés, de la liberté des peuples.

Et c'est en France enfin — pourquoi n'aurions-nous pas la fierté de le rappeler à ceux qui ont semblé l'oublier? — que l'œuvre généreuse de La Haye trouva ses partisans les plus convaincus et les plus désintéressés.

M. d'Estournelles de Constant. — C'est très juste; ne vous lassez pas de le répéter.

M. le rapporteur. — Il faut que la France soit, une fois encore, dans la définition de la politique universelle, l'inspiratrice et le guide.

Qu'elle ne craigne pas les périls d'une telle entreprise. Les congrès de Vienne réglant le sort des États entre quelques souverains ne sont plus possibles. La guerre a brisé les vieilles digues, et la solidarité croissante des intérêts eux-mêmes fortifie chaque jour les liens de droit institués entre les nations.

Un idéalisme irréfléchi peut être dangereux ; un réalisme à courte vue peut l'être bien plus encore ! Les merveilleux exploits de nos aviateurs, franchissant sans effort les hautes montagnes et les vastes océans, nous ont appris combien la terre est petite. La France, encore grandie par ses souffrances autant que par sa victoire, peut élever assez haut son flambeau pour que, à cette lumière, toutes les races du monde reconnaissent, à travers les obstacles du passé, la voie, la seule voie qui peut les conduire à la concorde dans la liberté.

QUELLE DOIT ÊTRE
LA POLITIQUE INTÉRIEURE DE LA FRANCE

Pour soutenir cette politique extérieure, il faut que la France ait aussi une politique intérieure, disons mieux, une vie intérieure conforme à la loi profonde de ses destinées.

A cette vie intérieure, il faut préparer fortement les générations de demain. La France est, depuis longtemps, aux yeux des peuples, une grande communauté spirituelle ; son âme, exaltée par la souffrance autant que par la victoire, doit inspirer les actes de tous ses enfants. Nous ne cesserons de dire aux enfants de France la gloire des héros et des martyrs, l'admiration et la reconnaissance qui doivent pénétrer leur cœur. Ils apprendront que le premier devoir que leur ont légué nos morts est un devoir de constance et d'énergie.

L'avenir sera ce que nous le ferons, ce que nos fils le feront après nous.

La France a à réparer les pertes les plus cruelles ; les ruines couvrent le dixième de son territoire. Dans aucun pays, la cherté de la vie, conséquence de la diminution de la production, n'est plus angoissante.

Mais cette crise, la France n'est pas seule à la subir. Elle menace le monde tout entier. Elle ne peut être résolue que par l'abaissement du coût général de la vie.

L'élévation constante du prix des choses suivra sa course suivant la loi redoutable de l'accélération des vitesses. L'association des Alliés, pour arrêter cette course à l'abîme, est une mesure de salut commun. Mais la France, étant frappée plus qu'aucune autre nation, doit envisager, sans hésiter, les deux seuls moyens d'agir : économiser rigoureusement sur toutes les dépenses qui ne sont pas indispensables, intensifier énergiquement toutes les productions de première nécessité.

La loi de la vie de demain tient en quelques mots : contre la paresse qui ruine, contre le luxe insolent qui révolte, contre la ruée aux bénéfices illicites qui démoralise ; pour le loyal effort, pour le travail créateur.

Si la France veut gagner la nouvelle victoire, ce que j'appellerai la victoire de la vie, il faut que tous comprennent la grandeur, la joie de l'effort. On peut dire que l'avenir de la France, comme celui des nations qui veulent être vraiment libres, se résume dans ce mot : travail.

Mais le travail n'est possible que dans la paix sociale. Vous avez dit, Monsieur le président du Conseil, « que la paix générale serait un mirage, si nous n'étions pas capables de vivre d'abord en paix avec nous-mêmes ». C'est vrai.

Et les conditions de cette paix intérieure sont

les mêmes que celles de la paix extérieure.
C'est, elle aussi, une paix de justice et de droit.
Au dedans comme au dehors, nous avons à combattre les mêmes ennemis ; l'injustice et la violence. Nous ne cherchons plus la paix entre les
nations dans l'équilibre des forces entre les
combattants. Est-ce des luttes entre les classes
que pourra jamais sortir la paix intérieure ?

Il faut choisir. Le monde nouveau, à peine
tiré des ruines de la guerre universelle, va-
t-il être condamné à de nouvelles ruines par la
barbarie des révolutions ou vivre enfin en sécurité par l'entente juste et sincère des consciences et des volontés ?

En se sacrifiant pour rendre impossible le
retour des guerres internationales, nos soldats
n'ont pas voulu que la porte se rouvrît aux
guerres civiles. Dans la tranchée, ils ne tenaient
mutuellement aucun compte de leur condition
sociale. Ouvriers ou patrons, paysans ou hommes d'étude, ils vivaient de la même vie morale ;
ils se sentaient des égaux, étant également
prêts au sacrifice. Une âme commune était en
eux. Il faut que cette âme survive. Ils ont été
les héros de la patrie et de la justice ; ils veulent que les survivants soient les serviteurs, à
leur tour, de la patrie et de la justice.

De nouvelles lois sociales sont nées de la
guerre elle-même. Il faut les appliquer largement, sans arrière-pensée et sans réticence.
Des difficultés d'application se présentent d'autant plus graves que la guerre a précipité les
événements et créé mille souffrances nouvelles.
Il en est résulté des troubles inévitables. C'est

en persévérant dans l'action réformatrice qu'on
supprimera les causes du mal. Il ne peut être
question de retours en arrière ; les lois sociales
doivent être sincèrement acceptées, loyalement
appliquées, scrupuleusement obéies par les uns
comme par les autres, dans l'esprit de concorde
qui les a dictées.

L'association du capital et du travail, faisant
à tous les éléments de la production une part
équitable dans les charges et dans les droits
proportionnellement aux services rendus, est
le fondement du contrat social. Il s'agit de la
dignité du travail humain. Que le travail soit à
l'honneur comme il est à la peine, et le pays
tout entier se donnera plus que jamais au travail. Nous avons pleine confiance dans la puissance du sentiment de justice si profondément
enraciné dans les cœurs français.

Ayons également confiance dans la puissance
de l'esprit d'association. Dans le monde entier,
l'organisation syndicale, patronale comme ouvrière, prend de plus en plus la place de la
concurrence individuelle. Elle est une nécessité.

Pour que cette nouvelle et inévitable organisation de la vie économique soit bienfaisante,
il faut qu'elle se concilie avec les droits impres-
criptibles de la liberté de chaque citoyen. Il faut
que les syndicats restent dans leur domaine
professionnel et sachent se soustraire, comme la
C. G. T. elle-même en a nettement manifesté la
volonté, à la mainmise des partis politiques. Il
faut que, pour les groupes comme pour les individus, à tout accroissement de leurs droits,
corresponde l'accroissement de leurs responsa-

bilités. Il faut enfin que tous admettent que le règlement pacifique des difficultés économiques est aussi nécessaire que celui des différends entre les peuples. Ceux qui réclament avec le plus de force l'institution de l'arbitrage obligatoire dans les conflits internationaux doivent également le vouloir dans les conflits sociaux.

En deux mots, les associations corporatives doivent subordonner leurs intérêts particuliers, quelle qu'en soit l'importance, à l'intérêt général, à la loi, expression de la volonté de la plus grande association, la seule souveraine, la nation.

Qu'on ne s'étonne pas outre mesure d'agitations qu'explique le trouble de la guerre. Regardez ce qui se passe au delà de nos frontières et voyez si les commotions sociales ne prennent pas ailleurs des proportions beaucoup plus graves et n'ont pas de plus redoutables répercussions.

Le sens des responsabilités se développe dans les grandes associations ouvrières. N'est-ce pas Merrheim qui, au congrès de Lyon, s'est élevé contre « la vague d'immoralité qui menace de submerger toutes les classes sociales, la classe ouvrière plus encore que les autres », et qui a affirmé cette vérité : « Le travail seul affranchira le travailleur » ?

Ce n'est pas dans notre pays de France, pays de clairvoyance et de bon sens, que ceux qui prêchent la violence comme un moyen de fonder la justice seront écoutés. Dans nos villes aussi bien que dans nos campagnes, l'immense majorité des travailleurs a déjà répondu.

Messieurs, au dedans comme au dehors, c'est à la même œuvre de justice et de paix que la République consacrera tout son effort. Ses lois ont donné au pays toutes les libertés ; elle les défendra contre toute atteinte. Elle a trouvé, il y a cinquante ans, la France blessée jusqu'au cœur, épuisée et démembrée ; elle l'a conduite à la victoire ; elle a ramené au foyer tous ses enfants.

Rappelons-nous les critiques dirigées pendant si longtemps, au point de vue de la défense nationale, contre l'institution républicaine. Elle devait affaiblir dans l'armée les liens de la discipline ; elle devait entraîner la France vers une réduction excessive, vers un affaiblissement de ses armements ; elle devait tout sacrifier pour éviter la guerre, parce qu'elle craindrait pour la liberté le prestige d'un général vainqueur. Que reste-t-il de ces sinistres prophéties ? C'est dans la liberté et par l'instruction donnée à tous que les citoyens ont pris pleinement conscience de tous leurs droits et de tous leurs devoirs. Lorsque la patrie les a appelés, tous sont accou. rus sans une heure d'hésitation ou de retard. Et, dans les dangers de la bataille comme dans les longues souffrances silencieuses de la tran. chée, ils ont tout supporté, tout souffert, sans un mot de plainte, et, quand il l'a fallu, tout donné !

Quelle discipline acceptée en toute intelligence, observée en toute conscience ! Quel accord étroit entre les chefs et les soldats ! Quelle confiance mutuelle inébranlable ! Et chez les chefs, quelle loyauté, quelle déférence envers le gouvernement de la nation, et, après la victoire, quelle simplicité, quelle dignité civique chez les plus illustres et les plus glorieux ! Jamais une armée, en aucun temps de l'Histoire, n'a uni, en un plus magnifique accord, toute la vertu civique à toute la vertu militaire.

L'autocratie croyait avoir la force. C'est la liberté qui a su vaincre !

L'ASSOCIATION POUR LA JUSTICE

AU DEDANS ET AU DEHORS BASE DE LA PAIX

Messieurs, je ne me suis pas écarté du traité. Ce sont les mêmes principes, les mêmes lois qui forment, au dehors comme au dedans, les conditions de la paix. Au dehors comme au dedans, nous ne voulons aucune dictature, ni d'un homme, ni d'une classe, ni d'un peuple.

Archimède a dit : « Donnez-moi un point d'appui et je soulèverai la terre. »

Le point d'appui entre les peuples comme entre les hommes, c'est la justice, et le levier, c'est l'association.

Or, malgré toutes ses lacunes, toutes ses imperfections, même tous ses risques, la paix du 28 juin a pour objet de fonder la justice entre les Etats en les associant sous l'empire du droit.

On ne peut rien sur le passé, on peut tout sur l'avenir. Que le traité n'ait pas, d'un seul coup, atteint le but, nous le savons, mais qu'il y ait ouvert la route, nous le croyons fermement.

Il faut, pour que l'esprit qui l'a inspiré domine et façonne les choses, que les nations libres s'en inspirent profondément et le réalisent déjà entre elles par de justes et inébranlables accords.

C'est le sens que le Sénat français donnera au vote — que nous souhaitons unanime — par lequel il ratifiera le Traité du 28 juin. Il dira qu'à ses yeux la paix de Versailles est bien une paix française, puisqu'elle a refait l'unité de la patrie et rayé de l'Histoire les servitudes du traité de Francfort; mais que, par ailleurs, elle est le commencement de la plus grande œuvre qu'aient encore entreprise les hommes, la première heure d'une longue action que la victoire du droit, pour être définitive, impose aux nations victorieuses. Il donnera par ce vote au gouvernement de la République une force nouvelle pour les négociations prochaines, afin que la France, dans cette œuvre continue, tienne la place que lui assigne son histoire.

Son vote sera un acte de foi. En affirmant solennellement cette foi, il sait qu'il sera entendu au delà de nos frontières, non seulement par les gouvernements des nations alliées, mais par ces nations elles-mêmes.

Par sa voix, c'est la France qui parlera au monde, la France fidèle à son inébranlable confiance dans la supériorité des forces morales, dans la puissance souveraine de l'idée de justice et de liberté.

III

ANNEXES

ANNEXE I

MÉMOIRE DU GOUVERNEMENT FRANÇAIS SUR LA FIXATION AU RHIN DE LA FRONTIÈRE OCCIDENTALE DE L'ALLEMAGNE ET L'OCCUPATION INTERALLIÉE DES PONTS DU FLEUVE (25 février 1919)

I. — Le but à atteindre

Les considérations que le Gouvernement français soumet à la Conférence au sujet de la rive gauche du Rhin n'ont pas un caractère égoïste.

Elles ne tendent pas à des annexions de territoire. Elles visent à la suppression d'un danger commun et à la création d'une commune protection.

C'est un problème d'intérêt général, un problème que la France, la première exposée au danger qu'il s'agit de conjurer, a le devoir et le droit de poser, mais qui affecte directement l'ensemble des pays alliés et associés et ne peut être résolu que par eux tous.

Le but essentiel que la Conférence veut atteindre, c'est d'empêcher, par des moyens justes, que ce qui a été puisse recommencer.

Or, ce qui s'est produit en 1914 n'a été possible que pour une seule raison : l'Allemagne, en raison de sa maîtrise des ponts du Rhin et de l'organisation offensive faite par elle sur la rive gauche du fleuve, s'est crue capable d'écraser les démocraties occidentales, France et Belgique, avant que celles-ci eussent reçu l'aide des démocraties d'outre-mer : Grande-Bretagne, Dominions, Etats-Unis.

C'est parce que cela était possible que l'Allemagne s'est décidée à attaquer.

C'est donc cette possibilité qu'il faut supprimer en privant l'Allemagne des moyens qui lui ont permis de croire au succès de son plan.

En un mot, il ne s'agit pas ici d'agrandir tel ou tel des pays alliés; il s'agit de mettre l'Allemagne hors d'état de nuire en lui imposant des conditions indispensables à la sécurité commune des démocraties occidentales et de leurs alliés et associés d'outre-mer, en même temps qu'à l'existence même de la France.

Il ne s'agit pas d'annexer un pouce de sol allemand : il s'agit de retirer à l'Allemagne ses instruments offensifs.

II. — Nécessité de l'occupation interalliée
des ponts du Rhin

Il convient d'abord d'examiner la nature du danger qu'on veut conjurer, de montrer qui il menace; en quoi il consiste; par quels moyens il peut être supprimé .

1° LE RISQUE EST COMMUN A TOUS LES ALLIÉS

a) Si, en 1914, les Allemands, bousculant les Belges, les Français et les quelques divisions anglaises alors en ligne, avaient pris les ports de la Manche, l'aide apportée par la Grande-Bretagne en 1915 à la cause commune aurait été ralentie, sinon empêchée.

Si en 1918 les Allemands avaient pris Paris, la concentration des armées françaises au sud de la Loire et le repli de nos industries de guerre auraient certainement apporté au débarquement et au transport par fer de l'armée américaine, qui commençait seulement à arriver, des retards dont les conséquences eussent été des plus graves.

Donc, pas de doute; à deux reprises — et on pourrait multiplier les exemples — l'aide militaire des deux grandes puissances d'outre-mer a failli être entravée et même compromise avant d'avoir pu prendre corps.

b) Pour qu'il en soit autrement, c'est-à-dire pour que les puissances maritimes puissent utilement participer sur le continent à une guerre défensive contre une agression venant de l'Est, il faut qu'elles aient la garantie que le territoire français ne sera pas envahi en quelques jours.

En d'autres termes, s'il ne reste pas assez de ports français pour que les armées d'outre-mer débarquent leurs troupes et leur matériel, pas assez de sol français pour qu'elles se concentrent et se déploient en avant de leurs bases, la guerre continentale contre une puissance visant à dominer le continent sera interdite aux démocraties d'outre-mer. Elles seront privées de leur champ de bataille le plus proche et le plus naturel. Et il ne leur restera que la guerre maritime et la guerre économique.

Donc, la leçon parfaitement claire de la dernière guerre, c'est qu'une forte protection naturelle à l'est est de l'intérêt commun des démocraties occidentales et d'outre-mer. Et cette leçon est soulignée par le fait que la Russie aujourd'hui n'existe plus.

Pour déterminer cette protection, voyons d'abord d'où vient le danger.

2° LE RISQUE VIENT DE LA POSSESSION, PAR L'ALLEMAGNE,
DE LA RIVE GAUCHE ET DES PONTS DU RHIN

Si l'Allemagne a pu concevoir et réaliser l'attaque brusquée qui a failli décider en cinq semaines de l'issue de la guerre, c'est qu'elle tenait la rive gauche du Rhin et en avait fait contre ses voisins une place d'armes offensive, rapidement et constamment alimentée grâce au débit des ponts du Rhin.

Toute l'histoire militaire, depuis 1915, le démontre, et le plan est inscrit tout au long dans les écrits comme dans les actes de l'état-major allemand.

a) L'Histoire d'abord, celle de 1870 comme de 1914.

En 1870, malgré l'imperfection, à cette époque, du réseau ferré prussien, c'est sur la rive gauche que s'est faite la concentration des troupes prussiennes.

Ce fait est d'autant plus significatif que l'état-major prussien était alors sous l'impression de la réputation offensive de l'armée française et, par suite, très prudent. Malgré cela, et même dans l'hypothèse où la France aurait pris l'initiative des opérations, la Prusse s'était bornée à étudier un plan de concentration plus à l'est, mais toujours sur la rive gauche.

En d'autres termes, elle n'avait pas songé à se couvrir du fleuve, et en toute éventualité elle le considérait comme la base offensive indispensable à l'exécution d'un plan d'attaque. On sait qu'en fait, grâce à sa concentration sur la rive gauche, l'armée prussienne, en moins de trois semaines, envahit le territoire français.

En 1914, la même situation a produit les mêmes effets. Mais les choses sont allées plus vite grâce à l'énorme développement des moyens. L'Allemagne, massée cette fois encore sur la rive gauche du Rhin (et beaucoup plus près qu'en 1870 de la frontière

française, grâce à la perfection de son réseau ferré)
a pu, en quelques heures, porter la guerre en Belgique et en France; en quelques semaines, au cœur
même de la France.

Avant même la déclaration de guerre, elle a occupé
un territoire d'où la France tirait 90 p. 100 de sa
production de minerai, 86 p. 100 de sa production
de fonte, 75 p. 100 de sa production d'acier, et 95
hauts fourneaux sur 127 sont tombés aux mains de
l'ennemi.

Cette situation a permis à l'Allemagne de multiplier ses ressources de guerre, en même temps qu'elle
privait la France de ses moyens de défense les plus
nécessaires. Elle a failli aboutir à la prise de Paris
en septembre 1914, de Dunkerque, de Calais et de
Boulogne six semaines plus tard.

*Tout cela n'a été possible que parce que, à nos por-
tes, à quelques jours de marche de notre capitale,
l'Allemagne disposait de la plus formidable place
d'armes offensive* que l'Histoire ait jamais connue.

b) Cette place d'armes, elle l'a depuis un siècle,
par une politique d'agression qui n'a jamais varié —
visant les têtes de ponts de la Sarre en 1815, du Rhin
et de la Moselle en 1870, de la Meuse en 1914 —
constamment renforcée en déclarant ouvertement
que, pour cela, la rive gauche du Rhin lui était indispensable.

Pendant les négociations du Congrès de Vienne,
Gneisenau et Grolman indiquaient déjà que « la concentration principale de l'armée prussienne devait se
faire entre *Rhin et Moselle* ».

Convaincu par leur insistance, Castlereagh écrivait
à Wellington, le 1er octobre 1815 : « M. Pitt était tout
à fait dans le vrai quand, dès 1805, il voulait donner
à la Prusse plus de territoire sur la rive gauche du

Rhin et la mettre ainsi davantage en contact militaire avec la France. »

En 1832, Boyen répétait que la concentration devait se faire à *Trèves*.

En 1840, Grolman, reprenant la même idée, fixait comme premier objectif de la concentration allemande l'offensive en Lorraine et en Champagne.

C'est la même idée qui inspirait à de Moltke son plan d'opérations contre la France en 1870. C'est ce même plan que l'Allemagne a exécuté en 1914, avec une violence et une ampleur sans précédents.

Faut-il rappeler enfin qu'en novembre 1917 l'amiral Tirpitz déclarait devant la Ligue de la patrie allemande, que, sans la possession de la rive gauche, l'Allemagne n'aurait pu « faire passer ses armées par une Belgique neutre ».

c) Telle étant la doctrine, l'Allemagne l'a traduite en actes en organisant militairement la rive gauche et les ponts du Rhin, clef de cette organisation.

Pour cela, elle a construit des forteresses, des camps de concentration, enfin et surtout un réseau ferré fortement outillé pour l'attaque et relié par les ponts du Rhin à tout le réseau de la rive droite, orienté, lui aussi, dans ce dessein offensif.

Les fortifications du Rhin et de sa rive gauche comportaient, outre les régions fortifiées de *Metz-Thionville* et *Strasbourg-Molsheim*, dont le rôle se trouvera annulé par le retour de l'Alsace-Lorraine à la France, les forteresses du Rhin : Cologne, Coblentz, Mayence... points de passage des voies ferrées stratégiques et vastes camps retranchés (approvisionnements, matériel, casernes, ateliers de fabrication ou de réparation, etc.).

Les camps d'instruction, tels que celui de Malmédy, étaient susceptibles d'être transformés en camps de concentration, procédé facile pour réaliser, sous prétexte d'instruction, des concentrations de troupes à proximité d'États pacifiques ou même neutres (France, Belgique, Luxembourg).

Le réseau ferré a une signification plus large encore. Si l'on regarde la carte des chemins de fer allemands de la rive droite du Rhin, on constate que neuf grands courants de transports indépendants convergent vers les ponts du fleuve et se prolongent par eux sur la rive gauche.

Huit sur neuf de ces grands courants passent entre Duisburg et Rastatt, inondant de troupes la frontière française et préparant l'agression.

C'est donc de toute évidence *sur le débit des ponts* du Rhin qu'a été basé le plan d'agression, conçu et préparé dès 1815, réalisé par deux fois en 1870 et en 1914. Sans la rive gauche et surtout sans les ponts, les seconds alimentant la première, l'agression n'aurait pas été possible.

d) Cela est si vrai que, dès 1909, le général allemand von Falkenhausen, dans son ouvrage *Der grosse Krieg der Jetztzeit* montrait que, grâce à la maîtrise des ponts, l'Allemagne pourrait porter la guerre en territoire ennemi, même si, par hypothèse, les armées françaises, britanniques, italiennes avaient utilisé, avant l'ouverture des hostilités, les territoires hollandais, belge, luxembourgeois et rhénan et opéré leur concentration en avant de la ligne Schlestadt, Sarrebourg, Saint-Avold, Luxembourg, Bastogne.

Même dans ce cas, d'après le général, l'Allemagne faisant sa concentration sur le Rhin et *maîtresse des ponts du fleuve*, pouvait, grâce au débit de ces ponts, porter en trois jours la moitié de ses forces, soit plus de vingt corps d'armée, sur la ligne Juliers, Duren, Kochem, Birkenfeld, Kaiserslautern, Haguenau, sans que ses adversaires eussent le temps de s'y opposer.

On voit que l'hypothèse du général von Falkenhausen correspondait exactement à la situation qui serait créée, si la paix laissait à l'Allemagne la possession des ponts du Rhin. Cette possession, d'après la démonstration même du général, suffirait en tout état de cause à assurer à l'Allemagne le bénéfice d'une guerre offensive.

Cette hypothèse démontre, en d'autres termes, que le danger vient de la possession par l'Allemagne non pas seulement de la rive gauche, mais aussi et surtout des ponts du Rhin.

Ainsi, la géographie, l'histoire, la doctrine de l'état-major allemand s'accordent pour établir que la capacité offensive de l'Allemagne est essentiellement *fonction du réseau stratégique* qu'elle a construit sur la rive gauche du Rhin, en combinaison avec les forteresses du fleuve, c'est-à-dire, en dernière analyse, que *cette puissance d'agression est fonction du débit des ponts.*

Si l'on veut supprimer cette puissance d'agression, il faut enlever à l'Allemagne non seulement la rive gauche, mais aussi les ponts du Rhin — ce qui revient à fixer au Rhin sa frontière occidentale.

C'est là une condition strictement nécessaire. Est-ce une condition suffisante?

3° LA SÉCURITÉ DES DÉMOCRATIES OCCIDENTALES ET D'OUTRE-MER EXIGE, DANS LES CIRCONSTANCES ACTUELLES, QUE LES PONTS DU RHIN SOIENT GARDÉS PAR ELLES

La non-occupation par l'Allemagne de la rive gauche et des ponts suffirait-elle à lui interdire le renouvellement de son attaque brusquée de 1870 et de 1914? Certainement non.

α) Si, en effet, les ponts ne sont pas gardés contre l'Allemagne, celle-ci, grâce à la disposition de son

réseau ferré de la rive droite, peut aisément s'en sai-
sir. La carte des chemins de fer en témoigne.

Dira-t-on que, en ce cas, il suffirait de détruire le
réseau stratégique de la rive gauche? Ce serait ou impossible ou inopérant.

Impossible : car une destruction totale ne peut pas
se concevoir; en effet, les chemins de fer répondent
à des besoins économiques en même temps qu'à des
plans stratégiques.

Inopérant : car une destruction partielle portant
sur les installations militaires seules serait insuffisantes; en effet, les quais militaires et les quais commerciaux sont souvent confondus.

Il serait donc toujours possible à l'Allemagne, soit
de construire de nouveaux quais sous un prétexte
commercial, soit d'y suppléer par l'organisation de
chantiers de débarquement en pleine voie.

b) D'autre part, même démantelées, les villes du
Rhin, avec leurs ponts, leurs gares, leurs intallations
commerciales, constitueront toujours de vastes chantiers de débarquement et de concentration de forces.

En d'autres termes, seule l'occupation des ponts
par des troupes interalliées sera, contre une agression allemande, une garantie positive; car si, cette occupation une fois réalisée, l'Allemagne formait de
nouveau des desseins agressifs, elle aurait, pour se
préparer, à modifier d'abord son réseau ferré de la
rive droite, et cela serait facilement connu.

L'occupation des ponts est donc la protection minima des démocraties occidentales et d'outre-mer.

c) C'est aussi une protection indispensable pour les
Etats nouveaux que les Alliés ont appelés à la vie à
l'est et au sud de l'Allemagne.

Supposez, en effet, l'Allemagne maîtresse du Rhin

et voulant attaquer la République de Pologne ou la République de Bohême.

Installée défensivement sur le Rhin, elle tiendra en échec (pour combien de temps?) les peuples d'Occident venus au secours des jeunes républiques, et celles-ci seront écrasées avant d'avoir pu être secourues.

4° CONCLUSION

En résumé :

a) La sécurité commune des démocraties occidentales et d'outre-mer exige que l'Allemagne ne puisse pas recommencer l'attaque brusquée de 1870 et 1914.

b) Pour empêcher l'Allemagne de recommencer cette attaque, il faut interdire à ses forces l'accès de la rive gauche du Rhin et fixer au fleuve sa frontière occidentale.

c) Pour lui interdire cet accès, il faut occuper les ponts du fleuve.

Par ce moyen et par ce moyen seul :

a) L'Allemagne sera privée de sa base offensive;

b) Les démocraties d'Occident trouveront une bonne protection défensive résultant, en premier lieu, de la largeur du fleuve (obstacle à une attaque brusquée par tanks, gaz, etc.), ensuite de sa direction rectiligne (obstacle à une attaque enveloppante).

C'est l'histoire d'un siècle qui démontre la nécessité de cette protection. C'est la sécurité commune des Alliés qui exige que le Rhin devienne, suivant l'expression du président Wilson, « la frontière de la liberté ».

III. — Insuffisance actuelle des garanties résultant, soit de la limite des forces militaires de l'Allemagne, soit de la Ligue des Nations

Tout le monde, croyons-nous, sera d'accord sur le but à atteindre. Mais on peut se demander s'il n'y a qu'une seule façon de l'atteindre.

En d'autres termes, cette garantie— l'Allemagne et sa force militaire rejetées à l'est du Rhin, les ponts du Rhin gardés par les Alliés — qui apparaît au Gouvernement français comme totalement indispensable, est-elle la seule qui se puisse concevoir pour atteindre le but?

Ou ne trouverait-on pas, au contraire, une protection suffisante, soit dans la limitation des forces militaires de l'Allemagne, soit dans les clauses de l'avant-projet de Ligue des Nations?

A la question ainsi posée, le Gouvernement français, pour les motifs suivants, répond négativement.

1° LA LIMITATION DES FORCES DE L'ALLEMAGNE N'EST

PAS, ACTUELLEMENT, UNE GARANTIE SUFFISANTE

a) La force militaire de l'Allemagne repose sur trois facteurs :

Les effectifs (70 millions d'âmes fournissant des classes de 550 000 hommes); le matériel de guerre (stocks existants et possibilités de production), l'état-major (dont l'organisation constituait un véritable Etat dans l'Etat).

Des mesures de limitation sont à l'étude. Elles devront porter sur les trois facteurs ci-dessus et comprendre notamment la limitation :

— Du nombre et de la composition des divisions, du contingent annuel, etc.;

— Du matériel et des approvisionnements;

— De l'organisation militaire ancienne (Kriegsakademie, manœuvres, etc.).

Supposons que l'Allemagne accepte ces conditions. Sera-ce la sécurité totale? Non.

b) D'abord l'Histoire, sans que nous entendions exagérer la portée actuelle de ses leçons, conseille un certain scepticisme.

Un seul exemple : en septembre 1808, Napoléon a imposé à la Prusse l'engagement de ne pas entretenir pendant dix ans plus de 42 000 hommes et celui de ne recourir ni à une levée extraordinaire de milices ou de gardes nationales, ni à aucune combinaison pouvant aboutir au dépassement de ce total de 42 000 hommes.

Or, qu'est-il arrivé?

Malgré le contrôle diplomatique et militaire incessant de Napoléon, la Prusse éluda ou tourna toutes les clauses. Estimant qu'avec une population de 5 millions d'habitants elle pouvait dès cette époque entretenir une armée de 150 000 hommes, elle fit passer, dans le temps minimum, toute la population valide par l'armée, en réduisant la durée du service actif, et elle organisa l'instruction militaire préparatoire par l'enseignement scolaire.

En dépit des menaces du vainqueur et malgré les moyens de pression dont il disposait, cette réorganisation militaire se poursuivit sans interruption et aboutit à créer la grande armée nationale de plusieurs centaines de mille hommes, qui fut mobilisée en 1813.

c) Voilà le passé. Dira-t-on que nous aurons demain des moyens de contrôle plus efficaces que ceux de Napoléon? Peut-être. Mais nous répondons que les difficultés de ce contrôle seront accrues beaucoup plus encore que ne le sera l'efficacité de nos moyens.

Au lieu d'un petit pays de 5 millions d'habitants, nous aurons affaire à un pays de 70 millions.

Au lieu d'un pays sans industrie, nous aurons affaire à un pays disposant de ressources industrielles considérables.

Pour que notre contrôle soit réel, il devra s'exercer :

— Sur le budget de la guerre;
— Sur le budget de l'industrie;
— Sur l'organisation de l'état-major et de l'instruction de l'armée;
— Sur les effectifs et les lois de recrutement;
— Sur le matériel existant;
— Sur les possibilités de fabrication dans tout le territoire allemand;
— Sur les directives morales, y compris l'enseignement scolaire.

Croit-on que ce contrôle s'organisera en un jour? Croit-on surtout que nous serons fixés, avant de longues années, sur son efficacité? Assurément non.

Peut-on méconnaître, d'autre part, que, pour les années prochaines, l'Allemagne conservera, par la force des choses, une puissance militaire dont certains éléments sont impossibles à réduire, notamment :

— Des états-majors instruits;
— Un énorme cadre d'officiers de réserve exercés (110 500 en août 1918, non compris la Bavière);
— Des millions de soldats aguerris;
— Une population d'âge militaire qui ne fera que

croître pendant de longues années, vu la courbe as-
cendante des naissances depuis vingt ans;

— Un matériel et des possibilités de fabrication
dont elle pourra dissimuler une partie, puisque nous-
mêmes, les Alliés, nous n'arrivons pas à chiffrer notre
propre matériel existant.

Et peut-on, d'autre part, compter dans le temps
présent sur une exécution sincère des engagements
pris, alors que la soi-disant démocratie allemande,
faisant preuve, sur tous les terrains, d'une immoralité totale, a mis à sa tête les hommes qui ont été les
plus actifs agents de l'impérialisme et du militarisme : Ebert, Scheidemann, David, Erzberger,
Brockdorff-Rantzau, sans oublier Hindenburg?

Au sujet d'ailleurs de leurs intentions, lisons leurs
propres déclarations : le Gouvernement d'Ebert a fait
connaître son projet d'appliquer le système militaire
suisse : traduit en chiffres, qu'est-ce, que cela veut
dire?

Cela veut dire que l'Allemagne pourrait, sur la base
suisse, mobiliser 193 divisions avec les éléments d'armée correspondants — exactement l'effectif qu'elle a
jeté sur le front occidental dans son offensive du
printemps 1918.

Autre indice : Les *Münchner Neuesten Nachrichten*, du 25 janvier 1919, reproduisant une déclaration
du Ministre des Affaires étrangères bavarois, évaluent
à 7 700 000 hommes environ (dont 3 200 000 combattants) la future armée allemande du temps de guerre.

d) De tout cela nous tirons une conclusion dont
nul ne saurait contester la légitimité et la modération : c'est que, au moins pour le moment et pour les
années prochaines, il n'y a pas de limitation de la
force militaire allemande, il n'y a pas de contrôle de
cette limitation qui puisse assurer, soit aux peuples

victimes de l'agression de 1914, soit aux nouveaux Etats en voie de formation, une sécurité complète.

Sur mer, la livraison totale aux Alliés de la flotte de guerre allemande crée, dans une large mesure, une telle sécurité. *Sur terre, rien de tel n'est possible.*

Il en résulte que, quelque progrès que l'avenir puisse apporter dans la situation générale du monde, la limitation des forces allemandes ne peut, dans l'état actuel, donner aux démocraties occidentales que des espérances, — sans certitude.

Or, des espérances, — sans certitude, — ne peuvent suffire à ceux qui ont subi l'agression de 1914.

Des espérances, — sans certitude, — ne peuvent pas suffire à la Belgique, victime de sa fidélité à la parole donnée, punie de cette fidélité par l'invasion, l'incendie, le pillage, le viol, la ruine.

Des espérances, — sans certitude, — ne peuvent pas suffire à la France envahie avant la déclaration de guerre, privée en quelques heures (parce qu'elle avait éloigné ses troupes de la frontière pour éviter les incidents), de 90 p. 100 de sa production de minerai et de 86 p. 100 de sa production de fonte; à la France qui a eu 1 351 000 tués, 734 000 mutilés, 3 millions de blessés, 438 000 prisonniers martyrisés dans les prisons allemandes; qui a perdu 26 p. 100 de ses mobilisés, 57 p. 100 de ses soldats de moins de 31 ans, c'est-à-dire de la partie féconde de la nation; — à la France qui a vu anéantir le quart de son capital productif, détruire systématiquement ses régions industrielles du Nord et de l'Est, emmener en captivité — et dans quelle captivité! — ses enfants, ses femmes et ses jeunes filles.

A ces deux pays il faut des certitudes : notamment la certitude de n'être pas exposés derechef à ce qu'ils ont souffert il y a cinq ans, mais celle aussi de n'avoir pas à s'imposer, faute d'une garantie d'ordre physique, d'écrasantes charges militaires; or, ces certitudes, ni la Belgique ni la France ne les peuvent présentement trouver dans la limitation et le contrôle de la force militaire allemande.

2° LA LIGUE DES NATIONS NE PEUT PAS NON PLUS FOURNIR UNE GARANTIE SUFFISANTE

Cette sécurité totale, qui est indispensable et que ne peut donner dès maintenant ni la limitation de la force militaire allemande ni le contrôle de cette limitation, pouvons-nous la trouver dans le Pacte de la Ligue des Nations, tel qu'il est présentement soumis à la Conférence?

a) Huit articles du projet de Pacte (art. X à XVII) définissent les garanties assurées aux participants contre une agression. On peut dire que ces garanties consistent dans un double intervalle de temps :

1° Le plus long possible entre la menace de guerre et l'acte de guerre (afin d'accroître les chances d'entente);

2° Le plus court possible entre l'acte de guerre et la décision par laquelle les membres de la Ligue apportent solidairement leur aide au pays attaqué.

Les choses étant ainsi, nous estimons que cette garantie n'est pas suffisante pour empêcher le renouvellement de ce qui s'est passé en 1914 : attaque brusquée dirigée par l'Allemagne contre la France et la Belgique et invasion immédiate de leur territoire.

Les raisons de notre conviction sont nombreuses; voici les principales :

b) Première raison : les mesures qui définissent les

divers temps à marquer entre la menace d'agression et l'acte d'agression (procédés ordinaires de la diplomatie, arbitrage, enquête du Comité exécutif, engagement des parties de n'avoir pas recours à la force armée avant arbitrage ou enquête, et seulement trois mois après jugement ou décision), ne sont applicables que si le désaccord survient entre nations ayant signé le Pacte de la Ligue.

Or, l'Allemagne n'est pas et ne peut pas être présentement membre de la Ligue.

Le Pacte prévoit, il est vrai, toute une procédure applicable aux Etats non membres. Mais rien ne garantit que cette procédure serait acceptée par l'Allemagne, si elle méditait de nouveau une attaque brusquée.

Au contraire, tout permet de prévoir qu'elle passerait aux actes avec le maximum de rapidité.

Dans une telle hypothèse, il est clair, en effet, que l'Allemagne d'aujourd'hui, l'Allemagne qui esquive la question des responsabilités, l'Allemagne de Scheidemann, Erzberger, Brockdorff-Rantzau, ne se.a arrêtée dans son dessein d'agression ni par une invitation à devenir membre de la Ligue ni par la menace d'un blocus financier et commercial. Il est clair que l'Allemagne, — avertie des sanctions qu'elle encourt, si elle laisse le temps aux forces internationales de jouer — se jettera sur la France et la Belgique avec l'idée, plus nette encore qu'en 1870 et 1914, que le temps est facteur du succès.

Nous pensons donc que les clauses du Pacte qui imposent une procédure entre la menace de guerre et l'acte de guerre ne suffiraient pas à arrêter l'Allemagne, si celle-ci était résolue à attaquer; c'est notre première raison.

c) Deuxième raison : L'Allemagne procède par attaque brusquée. Que nous apporte le Pacte comme garantie immédiate?

On sait que les propositions de la délégation française tendant à la création d'une force internationale permanente n'ont pas été acceptées.

Un des associés étant attaqué, qu'arrive-t-il donc? Le Comité exécutif de la Ligue entre en action et spécifie l'importance des contingents militaires ou navals à fournir par chaque membre de la Ligue.

Supposez que cette décision du Comité intervienne avec le maximum de rapidité. Il ne lui manque qu'une chose : c'est d'être, par elle-même, exécutoire.

Prenons, pour fixer les idées, un exemple, celui de l'Amérique. Qu'arrivera-t-il?

Les forces américaines de terre et de mer ne peuvent pas être engagées sans un vote du Congrès. Admettons que le Congrès soit en vacances; il faudra prévoir, entre l'agression de l'Allemagne et le moment où l'aide américaine se fera sentir, les étapes suivantes :

— Une décision du Comité exécutif de la Ligue;

— Une réunion du Congrès américain où le quorum sera assuré, ce qui peut demander quatre ou cinq jours;

— La discussion du cas d'espèce;

— La mobilisation et le transport du corps expéditionnaire américain en France.

Nous avons cité le cas de l'Amérique. Mais ce n'est pas le seul qu'on puisse produire.

Reprenez les stades successifs qui viennent d'être indiqués et faites-en l'application à l'attaque allemande de 1914.

Supposez que la France et la Belgique envahies aient eu à faire jouer ce mécanisme compliqué avant d'obtenir le concours de l'Angleterre et que celle-ci, au lieu de commencer ses embarquements de troupes dans les huit jours, eût dû (après réunion et décision du Comité exécutif, transmission de cette décision, délibération de son Gouvernement, réunion du Parlement, débat et vote) reculer, de tout le temps nécessaire à ces diverses opérations, son intervention effective : la gauche de l'armée française eût été tournée à Charleroi et la guerre perdue le 24 août.

En d'autres termes, admettez qu'au lieu de l'engagement militaire défensif, — très limité, mais positif, — qui liait à la France la Grande-Bretagne, il n'y ait eu, entre les deux pays, en août 1914, que les engagements généraux du Pacte de la Ligue, la rapidité de l'intervention britannique eût été moindre et la victoire assurée, de ce fait, à l'Allemagne.

Nous pensons donc que, dans les conditions présentes, l'aide fournie par le Pacte de la Ligue risque d'arriver trop tard, et c'est notre seconde raison.

d) Notre troisième raison, et elle est décisive, c'est que, vu la situation géographique de la France, nous avons deux objectifs également impérieux :

— L'un est la victoire;
— L'autre est la protection de notre sol.

On peut admettre comme certain que, grâce à la solidarité inscrite dans le Pacte de la Ligue, la victoire finale nous appartiendrait dans le cas d'une nouvelle agression allemande.

Mais cela ne suffit pas. Nous ne voulons pas qu'entre l'agression et la victoire interviennent, comme cela a été le cas en 1914, l'invasion de notre sol, sa destruction systématique, le martyre de nos concitoyens du Nord et de l'Est.

C'est contre ce second risque, autant que contre le risque de la défaite, qu'une garantie est nécessaire, garantie que la Ligue ne fournit pas et qui résultera au contraire de la solution proposée par le Gouvernement français.

e) Résumant ici notre argumentation en ce qui touche la garantie résultant de la Ligue, nous disons :

Pour un temps indéterminé :

— D'une part, l'Allemagne restera en dehors de la Ligue des Nations :

— D'autre part, les décisions du Comité exécutif, au lieu de mettre en jeu automatiquement une force internationale placée à pied d'œuvre, devront être soumises à l'approbation de Parlements nationaux qui décideront si, oui ou non, les forces nationales pourront se joindre à la force armée de l'Etat attaqué.

Nous ne trouvons donc aucune des deux garanties sur lesquelles est fondée l'action pacificatrice de la Ligue, savoir :

— Intervalle très long entre l'idée de guerre et l'acte de guerre;
— Intervalle très court entre l'acte de guerre et le groupement solidaire de toutes les forces armées des membres de la Ligue.

A défaut de ces deux garanties, nous demandons, contre une Allemagne deux fois plus nombreuse que la France, contre une Allemagne qui, pour longtemps, ne pourra être crue sur parole — nous demandons une garantie d'un autre ordre — *une garantie d'ordre physique.*

Cette garantie d'ordre physique, dans notre esprit, n'est pas destinée à suppléer l'autre, — celle qui viendra de la Ligue, — mais à lui donner le temps de jouer avant qu'il soit trop tard.

Cette garantie d'ordre physique, nous avons montré *qu'il y en a une et qu'il n'y en a qu'une* : la garde des ponts du Rhin par une force interalliée.

Ajoutons que, pour le moment présent, c'est l'intérêt même de la Ligue des Nations que cette garantie supplémentaire vienne assurer le jeu normal et efficace du double mécanisme qu'elle a conçu pour assurer le maintien de la paix.

IV. — Suppression, par l'occupation interalliée des ponts du Rhin, de plusieurs facteurs de guerre

Nous avons établi que :

1° Une garantie commune contre le renouvellement d'une attaque brusquée de l'Allemagne est nécessaire;

2° Que cette garantie ne peut pas être totalement fournie soit par la limitation et le contrôle de la force militaire de l'Allemagne, soit par les clauses du Pacte de la Ligue des Nations;

3° Que cette garantie ne se trouve que dans la fixation au Rhin de la frontière occidentale de l'Allemagne et dans l'occupation des ponts du fleuve par une force interalliée.

Il est facile de montrer, en outre, que la garantie commune trouvée dans l'occupation des ponts du Rhin concorde avec l'intérêt général de la Ligue et avec l'idéal pacifique qui est le sien; elle supprime, en effet, un certain nombre de facteurs permanents de guerre qu'il est de son intérêt et de son devoir d'éliminer.

1° SUPPRESSION D'UN DANGEREUX DÉSÉQUILIBRE DE FORCE

L'Allemagne (même diminuée de la Posnanie, du

Schleswig, de l'Alsace-Lorraine et des provinces rhénanes de la rive gauche), représente encore 57 millions d'habitants, à quoi s'ajouteraient probablement en cas de guerre 7 millions d'Autrichiens allemands, soit au total 64 millions. La France, la Belgique et le Luxembourg ne représentent au contraire que 49 millions.

Or, comme contrepoids, la Russie de 1914 n'existe plus et les Etats récemment créés n'existent pas encore. A la séance du Conseil supérieur des Alliés du 15 février 1919, M. Winston Churchill l'a signalé avec force en disant : « Il y a deux fois plus d'Allemands que de Français et, en raison de la forte natalité allemande, il y a en Allemagne, chaque année, trois fois plus de jeunes gens en âge de porter les armes qu'en France. C'est un fait formidable. » Ce « fait formidable » est un facteur de guerre. S'il est impossible de le supprimer, il est au moins utile d'essayer de le réduire.

2° SUPPRESSION DE L'UNE DES CAUSES ÉCONOMIQUES DES AGRESSIONS ALLEMANDES

Il est généralement reconnu qu'il y a intérêt à protéger les zones industrielles qui sont vitales pour chaque pays.

En effet, l'occupation rapide de ces zones vitales assure à l'agresseur un avantage décisif, puisqu'il ajoute par là à ses moyens propres de production ceux qu'il retire à son adversaire. Il est donc certain que la possibilité de s'assurer cet avantage constitue un facteur de guerre.

L'Histoire le démontre d'ailleurs. L'Allemagne a visé en 1815 le charbon de la Sarre, en 1870 le minerai de Lorraine, en 1914 le minerai de Briey.

Elle a reconnu explicitement que, si elle a pu mener la dernière guerre, c'est en se saisissant par une attaque brusquée du minerai français, « sans lequel jamais, au grand jamais, elle n'aurait pu conduire victorieusement cette guerre ». (*Mémoire des industriels allemands du fer et de l'acier*, de décembre 1917.)

Si le Rhin avait séparé les deux puissances, ce genre d'opération n'eût pas été possible. Et c'est consolider la paix que de retirer à l'Allemagne, en l'éloignant de son objectif historique, l'un des motifs principaux de ses agressions passées.

3° PROTECTION ASSURÉE AUX PETITS ÉTATS QUE LA LIGUE DES NATIONS A POUR OBJET DE GARANTIR

D'abord à la Belgique en écartant d'elle un voisin redoutable. L'amiral Tirpitz, déjà cité, a déclaré devant la Ligue de la patrie allemande (*Münchner Neuesten Nachrichten*, du 11 novembre 1917) : « Représentez-vous bien ce qui arriverait si le front actuel, qui s'appuie à la mer, se trouvait à la frontière-est des pays rhénans; nous ne pourrions pas recommencer une seconde fois à faire passer nos armées à travers une Belgique neutre ».

Ensuite à la Pologne, à la Tchéco-Slovaquie, à la Yougo-Slavie, qui, dans le cas où l'Allemagne profiterait des difficultés de leurs débuts pour chercher à les étrangler, ont besoin que le Rhin, tenu par l'Allemagne, n'arrête pas le secours attendu par elles des démocraties occidentales.

4° FERMETURE DE LA GRANDE ROUTE HISTORIQUE DES INVASIONS

La rive gauche du Rhin a été pour les invasions

une route séculaire. Sa disposition naturelle, d'une part, l'orientation des voies ferrées qui la sillonnent, d'autre part, en ont fait un champ de bataille historique, où les peuples de la rive droite (toutes les fois qu'ils étaient en même temps maîtres de la rive gauche) ont trouvé des possibilités d'agression, que l'intérêt de la paix conseille de supprimer.

5° CRÉATION D'UNE FRONTIÈRE NATURELLE ÉGALE POUR TOUS

Le Rhin, par sa largeur, d'une part, par la direction rectiligne de son cours, d'autre part, offre aux peuples des deux rives une garantie naturelle et égale contre une agression.

6° CONCLUSION

De ce qui précède il est permis de conclure que la garantie commune trouvée dans la fixation au Rhin de la frontière occidentale de l'Allemagne et l'occupation des ponts du Rhin par une force interalliée non seulement est nécessaire, mais encore qu'elle concorde avec les principes mis en œuvre par la Ligue des Nations, pour empêcher les guerres futures.

V. — Identité de l'intérêt collectif et de l'intérêt français

Il est maintenant possible d'avoir de l'ensemble du problème une vue qui peut se résumer ainsi :

a) En cette question, la France ne demande rien pour elle-même, ni un pouce de territoire, ni aucun droit de souveraineté. Elle ne veut pas annexer la rive gauche du Rhin.

Ce qu'elle propose, c'est la création, dans l'intérêt général, d'une protection commune à toutes les démocraties pacifiques, à la Ligue des Nations, à la liberté et à la paix.

Mais la France a le devoir d'ajouter que sa demande, conforme au bien commun et exempte de tout dessein égoïste, exprime pour elle-même *une nécessité vitale* sur le principe de laquelle elle ne peut pas transiger.

Elle y trouve, en effet, la seule garantie immédiate et totale *que ce qu'elle a subi en 1870 et en 1914 ne se renouvellera pas.* Elle doit à son peuple — aux morts qui ne veulent pas être morts pour rien, aux vivants qui entendent refaire leur pays dans la paix et ne pas succomber sous des charges militaires écrasantes, — d'obtenir cette garantie.

Sur les modalités d'application, le Gouvernement français est prêt à prendre l'avis de ses alliés, afin d'assurer dans les conditions les plus favorables le régime national, politique et économique de la région dont il demande que l'accès soit interdit à l'Allemagne. Il acceptera, à cet effet, toutes les suggestions qui ne porteront pas atteinte au principe lui-même.

Ce principe peut se résumer en trois articles :

1° Pas de force militaire allemande sur la rive gauche du Rhin et fixation au Rhin de la frontière occidentale de l'Allemagne;

2° Occupation des ponts du Rhin par une force interalliée;

3° Pas d'annexion.

Voilà ce que, dans l'état présent des choses, la France demande comme garantie nécessaire de la paix internationale, comme le gage indispensable de son existence nationale.

Elle espère que tous ses alliés et associés apprécieront *l'intérêt général* qui s'attache à cette proposition.

Elle compte, d'autre part, qu'ils reconnaîtront le droit et le devoir qu'elle a de la présenter et de la soutenir *pour sa propre sécurité*.

b) Aussi bien n'est-ce pas le seul cas où l'intérêt vital d'un peuple se rencontre avec un intérêt général de l'humanité.

De tout temps, les puissances maritimes ont affirmé, — qu'il s'agit de Philippe II, de Napoléon Ier ou de Guillaume II, — que leur force était la seule arme capable de contrebalancer les tentatives impérialistes sur le continent.

C'est à ce titre qu'elles ont justifié, à leur profit, l'existence de flottes puissantes.

Mais en même temps elles n'ont jamais dissimulé que ces flottes constituaient pour elles une nécessité vitale.

Nécessité vitale pour les Iles Britanniques et pour l'Empire britannique, qui ont fait connaître leur volonté de ne rien abandonner des moyens maritimes qui leur ont permis de garder les mers contre l'Allemagne.

Nécessité vitale pour les Etats-Unis, qui, riverains de deux grands océans, intéressés par leurs richesses naturelles et industrielles à garantir leurs exportations, ont créé, si pacifiques qu'ils fussent, une marine de guerre, qu'ils développent en ce moment même.

C'est qu'en effet la flotte, pour la Grande-Bretagne comme pour les Etats-Unis, c'est le moyen de reculer de leur centre de frontière qu'ils auraient à défendre en cas d'agression et de créer une zone de sécurité

en avant de cette frontière, en avant du territoire ra-
tional.

Pour la France, la question posée est la même, avec
cette triple différence que d'abord les mers ne la pro-
tègent pas contre l'Allemagne; qu'ensuite il est impossible pour elle d'obtenir sur terre la garantie complète que représente sur mer, pour la Grande-Bretagne et les Etats-Unis, la livraison aux Alliés de la
flotte de guerre allemande, qu'enfin le chiffre de sa
population par rapport à la population allemande
(1 contre 2) ne lui permet pas d'espérer, au début
d'une guerre, l'avantage que les puissances maritimes
ont toujours attendu de la règle du « two power
standard ».

Pour la France, il s'agit, comme pour la Grande-
Bretagne, comme pour les Etats-Unis, de créer une
zone de sécurité.

Cette zone, les puissances maritimes la créent par
leurs flottes et par la suppression de la flotte allemande. La France, que l'Océan ne couvre point, et
qui ne peut pas supprimer les millions d'Allemands
aujourd'hui entraînés à la guerre, est obligée de la
créer par le Rhin, grâce à l'occupation du fleuve par
une force interalliée.

Si elle ne le faisait point, elle serait exposée une
fois de plus, sinon à la défaite finale, du moins à la
destruction d'une partie de son sol par l'invasion ennemie.

C'est un risque auquel elle entend n'être plus désormais en butte.

c) Au surplus, comme nous l'avons exposé plus
haut, la garantie de paix qui résulte de l'existence des
puissances maritimes ne pourrait pas jouer complètement, si la garde du Rhin n'assurait aux démocraties
occidentales une garantie équivalente.

Dans le cas d'un rapprochement russo-allemand, ce n'est pas avec leur flotte, capable exclusivement d'assurer le blocus, que les puissances maritimes défendraient le continent contre une tentative impérialiste.

Il leur faudrait encore la possibilité de débarquer sur le continent et de s'y battre. Pour cela, la garde du Rhin est indispensable.

Mais il y a plus, et l'on peut se demander si dans cette hypothèse le blocus même, assuré par les flottes, serait efficace. Que vaudrait-il contre une Allemagne maîtresse de la Russie, la colonisant, l'exploitant, réussissant en outre, par une attaque brusquée, à mettre hors de cause la France et la Belgique, à occuper leurs ports et à dominer toutes les puissances neutres de l'Europe?

Pour empêcher l'union « *du monde entier à l'est du Rhin* », ou du moins pour en conjurer les conséquences, un seul moyen : que le Rhin, au lieu de pouvoir servir, comme dans le passé, à l'Allemagne contre les Alliés, protège désormais les Alliés contre les entreprises de l'Allemagne.

d) En signalant ce point de vue à l'attention de ses alliés et associés, à celle notamment des deux grandes puissances maritimes que sont l'Empire britanniques et les Etats-Unis, le Gouvernement français a profondément conscience de travailler pour la paix, — de même que les puissances maritimes ont conscience de servir la paix en maintenant ou en développant leurs forces navales.

Et de même que le maintien ou le développement de ces forces navales n'implique, de la part des puissances maritimes, nul dessein d'asservir les mers, de même la demande française relative à la garde du

Rhin ne comporte ni gain de souveraineté ni annexion de territoire.

La France ne réclame pas pour elle la rive gauche du Rhin; elle n'en a que faire, et son intérêt, comme son idéal, lui interdit de la revendiquer.

La France ne réclame qu'une chose : c'est que les mesures, et les seules mesures, propres à empêcher de façon sûre la rive gauche du Rhin de devenir à nouveau la base d'une agression allemande, soient prises par les puissances actuellement réunies à la Conférence de la paix.

En d'autres termes, *sans aucune ambition territoriale, mais pénétrée de la nécessité de créer une protection à la fois internationale et nationale*, la France attend de l'occupation interalliée du Rhin ce que la Grande-Bretagne et les Etats-Unis attendent du maintien de leur force navale; rien de plus, rien de moins.

Dans les deux cas, la nécessité nationale concorde avec la garantie internationale.

Dans les deux cas, même si la seconde faisait l'objet d'interprétations différentes, la première demeurerait pour le pays intéressé *une obligation ne comportant ni restriction ni réserve.*

Tel est le principe que le Gouvernement français prie les Gouvernements alliés et associés de consacrer par l'adoption de la décision suivante à insérer dans les clauses des préliminaires de paix :

1° *La frontière occidentale de l'Allemagne doit être fixée au Rhin;*

2° *Les ponts du Rhin doivent être occupés par une force interalliée;*

3° *Les mesures ci-dessus ne doivent entraîner au profit d'aucune puissance aucune annexion de territoire.*

ANNEXE II

RÉPONSE FAITE PAR LE GOUVERNEMENT, LE 29 JUILLET 1919,
AUX QUESTIONS POSÉES SUR LE MÉMOIRE DU 25 FÉVRIER
1919 PAR LA COMMISSION DE LA CHAMBRE DES DÉPUTÉS

I. — Observations générales

1. — La Commission avait précédemment demandé
au Gouvernement quel compte il avait tenu de l'opinion exprimée par le maréchal Foch. Le Gouvernement a répondu en lui communiquant son mémoire
du 25 février, qui conclut dans le même sens que le
maréchal. La Commission demande aujourd'hui
pourquoi le Gouvernement ne s'est pas tenu audit
mémoire et pour quelles raisons il a abandonné les
arguments qui y sont exposés. La note remise à la
Commission le 17 juillet par le Président du Conseil
a déjà répondu à l'objet général de cette question
par l'historique même des négociations, qui montre
que, dans une solution nouvelle et meilleure (traités
avec la Grande-Bretagne et les Etats-Unis), la plupart des garanties demandées le 25 février ont été
obtenues.

La présente note apporte une réponse plus spéciale
basée sur l'examen détaillé du mémoire dont il s'agit.

2. — Avant d'aborder les points spéciaux, on doit

faire remarquer d'abord que le mémoire du 25 février
est un instrument de discussion. Il appuie donc, bien
entendu, sur les arguments présentés et glisse sur les
objections.

3. — On doit rappeler également que ce mémoire
a été rédigé dans la première quinzaine de février.
A ce moment, la France, privée de l'alliance russe,
voyant venir à terme — avec la paix — les engagements de guerre de ses autres alliés, devait chercher,
seule, des garanties de sécurité, qui ne pouvaient
être, vu cette solitude, que d'ordre géographique.
Aucune offre ni suggestion n'avait été faite ni par la
Grande-Bretagne ni par les Etats-Unis, qui permis-
sent à la France d'espérer autre chose, notamment
des garanties politiques *préventives*. Il fallait donc
pousser au maximum l'argument de sécurité géographique et négliger les autres.

4. — On doit se souvenir aussi qu'au moment où
ce mémoire a été préparé et distribué, même les
clauses militaires du traité n'étaient pas définitive-
vement acquises.

Ces clauses, dans leur forme première, ne devaient
être présentées que le 6 mars au Conseil suprême par
les experts militaires, et, dans cette forme première
(soutenue par le maréchal Foch et la Commission
qu'il présidait), on savait que, laissant à l'Allemagne
le service obligatoire avec des effectifs de 200 000
hommes, le projet lui assurait, tous les quinze ans,
trois millions d'hommes instruits.

On savait également que ces clauses ne comportaient, ni pour les Puissances alliées et associées, ni
pour la Société des Nations, aucun droit d'investigation en Allemagne.

On savait enfin que tous les votes du Conseil de la
Société des Nations devaient être pris à l'unanimité,

ce qui, en cas de péril, rendait difficile, sinon impossible, le concours militaire immédiat de la Société.

Le Gouvernement français, pour ces raisons encore, s'ajoutant à celles exposées au paragraphe 3, devait donc, à cette époque, insister *exclusivement* sur les garanties de nature à augmenter sa *sécurité géographique après une attaque allemande*, puisque, ni *politiquement* ni militairement, il ne disposait de moyens propres à empêcher une telle attaque par des garanties *préventives*.

5. — La Commission reconnaît, semble-t-il, que, par le mémoire du 25 février, le Gouvernement a pleinement rempli ce devoir. Il l'a rempli, en effet, sans s'arrêter aux inconvénients de la solution qu'il proposait et qui cependant ne lui échappaient pas, c'est à savoir :

a) Charges militaires, extrêmement lourdes, si la France devait occuper seule la rive gauche et les têtes de ponts;

b) Impossibilité d'assurer pour un temps X cette occupation, sans prendre, dans une large mesure, le contrôle politique d'une région peuplée (têtes de ponts comprises) de 7 millions d'Allemands;

c) Contradiction — de ce fait — avec le principe de libre disposition des peuples, explicitement accepté par la France le 4 novembre 1918 et constamment invoqué par elle pendant la guerre;

d) Risques de frictions locales entre les troupes d'occupation et la population allemande;

e) Possibilité de complication ainsi offerte, soit aux Allemands désireux de trouver un prétexte de guerre ou tout au moins de conflit permanent, soit à un Gouvernement français qu'aurait animé l'esprit d'imprudence que nous avons connu au temps du boulangisme.

Ces observations faites sur les considérations générales dans lesquelles le Gouvernement a présenté son mémoire du 24 février, il convient de comparer point par point ce qui a été demandé alors et ce qui a été obtenu depuis.

II. — Garanties demandées par le mémoire et obtenues par le traité

1. — Le mémoire du 25 février définissait en ces termes (page 2) le but à atteindre : « Retirer à l'Allemagne ses instruments offensifs », et (page 5) le moyen essentiel : « Empêcher l'Allemagne de disposer à nos portes, sur la rive gauche du Rhin et avec les ponts du Rhin, de la plus formidable place d'armes offensive que l'Histoire ait jamais connue ».

Le Gouvernement estime que ce résultat a été obtenu par les clauses suivantes, toutes arrêtées postérieurement au Mémoire du 25 février.

2. — *En ce qui concerne le but à atteindre :*

a) Réduction de l'armée allemande à 100 000 hommes servant douze ans (officiers et dépôts compris), au lieu de 200 000 hommes par an dans le premier projet du maréchal Foch.

b) Réduction, — par rapport au même projet, — des divisions à 7 au lieu de 15 pour l'infanterie, 3 au lieu de 5 pour la cavalerie; des états-majors de corps d'armée à 2 au lieu de 5; suppression de l'état-major d'armée.

c) Réduction, — par rapport au même projet, —

des canons de campagne et obusiers légers à 288 au lieu de 600. Suppression des canons longs de 1o5 et des obusiers de 150 dans les divisions; réduction de moitié des approvisionnements en munitions.

d) Pour l'avenir, au lieu (au bout de quinze ans) d'un effectif instruit de 3.000.000 d'hommes (200.000 × 15), un effectif instruit de 200.000 hommes (100.000 ayant servi douze ans et 100.000 sous les drapeaux), cette différence essentielle constituant la supériorité certaine du projet adopté le 17 mars par rapport à celui présenté le 6 par le maréchal Foch.

e) Pour assurer la réduction des forces allemandes aux chiffres autorisés d'effectifs et de matériel, création de commissions de contrôle interalliées militaires, navales et aéronautiques.

f) Une fois terminée cette réduction, obligation pour l'Allemagne de se prêter, en tout temps, à toute investigation jugée nécessaire par le Conseil de la Société des Nations sur l'exécution de ses engagements militaires.

g) Pour accélérer, en ce cas, la décision, substitution, pour le Conseil de la Société des Nations, du vote à la majorité au vote à l'unanimité.

3. — *En ce qui concerne le moyen essentiel :*

a) Pendant la période où l'Allemagne disposera, quoi qu'on fasse, des 3 ou 4 millions d'hommes qui ont fait la guerre, occupation de la rive gauche et des têtes de ponts, avec évacuation progressive et faculté tant de prolonger l'occupation au delà de quinze ans que de réoccuper, si les garanties contre une agression allemande paraissent insuffisantes aux signataires ou si l'Allemagne manque à ses engagements de réparations.

b) Interdiction définitive à l'Allemagne de maintenir ou de construire des fortifications tant sur la rive gauche du Rhin que sur une zone de 5o kilomètres à l'est.

c) Interdiction définitive, dans les deux zones cidessus, d'entretenir ou rassembler des forces armées, soit à titre permanent, soit à titre temporaire, aussi bien que toutes manœuvres militaires de quelque nature qu'elles soient, ainsi que du maintien de toutes facilités matérielles de mobilisation.

d) Engagement des signataires de considérer comme un acte d'hostilité et calculé pour troubler la paix du monde tout manquement de l'Allemagne aux engagements ci-dessus : c'est le *casus fœderis.*

e) Dans le cas d'agression non provoquée de l'Allemagne, — caractérisée comme il vient d'être dit, — engagement d'assistance *immédiate* de la Grande-Bretagne et des Etats-Unis.

f) Maintien en vigueur de cet engagement d'assistance immédiate jusqu'à ce que tous les signataires soient d'accord pour estimer qu'il est devenu inutile.

4. — Les clauses qui précèdent comblent les lacunes que signalait le mémoire du 25 février, soit en ce qui concerne la réduction des armements allemands, soit au sujet du droit d'investigation en Allemagne, soit en ce qui touche la rapidité de l'aide à fournir par la Société des Nations. Elles vont même plus loin que lui, sur certains points, puisqu'elles fixent, non au Rhin, mais à 5o kilomètres à l'est du Rhin, la frontière militaire de l'Allemagne.

III. — Garanties demandées par le mémoire et non obtenues par le traité

1. — Deux des garanties demandées par le mémoire ne se retrouvent pas dans le traité :

Le mémoire ne fixait pas de terme défini à l'occupation du Rhin et des têtes de ponts; le traité fixe à quinze années, dans des conditions déterminées, la durée de cette occupation.

Le mémoire demandait que la frontière occidentale de l'Allemagne fût fixée au Rhin. Cette clause ne figure pas dans le traité.

2. — En ce qui concerne la durée, il convient de remarquer que, si le mémoire du 25 février ne fixait pas de limite définie à la durée de l'occupation, il la présentait cependant comme temporaire. Il disait :

Page 15 : *Au moins pour le moment et les années prochaines.*

Page 18 : *Présentement*, et, plus loin, *dans l'état actuel.*

Page 23 : *Pour le moment présent.*

On remarquera, d'autre part, que le maréchal Foch, dans son exposé final du 6 mai, n'a pas demandé non plus l'occupation définitive. Il a dit : « Quand on trouvera qu'on est payé ou qu'on a des garanties suffisantes, on n'aura plus qu'à retirer les troupes et à partir. » C'est précisément ce que dit le traité, qui porte que, si les garanties ne sont pas jugées suffisantes, l'occupation sera prolongée, et que, si l'Allemagne cesse de payer, on réoccupera. On ne peut donc pas, à cet égard, relever une différence réelle entre le mémoire et le traité.

3. — La seule différence substantielle entre le mémoire et le traité consiste, par conséquent, en ceci que, si la frontière militaire de l'Allemagne est fixée à 5o kilomètres à l'est du Rhin, en revanche, sa frontière territoriale et politique n'est pas fixée au Rhin.

A cette fixation il fut opposé :

a) Qu'on ne pouvait, sans manquer aux principes adoptés en commun le 4 novembre 1918 comme base de la paix, séparer de l'Allemagne 5 millions et demi d'Allemands (7 millions en comptant les têtes de ponts), sans un plébiscite que nul ne demandait et dont le résultat eût été, d'ailleurs, en faveur de l'Allemagne;

b) Que cette séparation, réalisée sans plébiscite préalable, serait une annexion déguisée, un retour à la politique bismarckienne et une cause de guerre pour l'avenir.

c) Que, d'ailleurs, la rupture de tout lien entre la rive gauche du Rhin et l'Allemagne pourrait avoir des conséquences fâcheuses pour les Alliés eux-mêmes au point de vue des clauses de réparations et d'occupation, les unes et les autres ne se justifiant que contre l'Allemagne et pouvant difficilement se motiver contre un pays *indépendant* de l'Allemagne;

d) Que pour ces raisons certains Gouvernements refusaient, dans l'hypothèse d'une telle solution, d'associer leurs troupes à l'occupation et qu'ils ne pourraient pas prendre devant leurs Parlements respectifs et leur opinion publique la responsabilité de recommander ni l'occupation par la France seule sans limitation de durée, ni la rupture par la force du lien entre l'Allemagne et la rive gauche du Rhin.

Le Gouvernement français a répondu à ces objections que, sans en méconnaître la valeur, il avait le devoir impérieux, faute d'autre ressource, de réclamer, contre une agression possible de l'Allemagne, une garantie préventive et qu'il n'en voyait pas d'autre, dans l'état de la négociation, que l'occupation de la rive gauche du Rhin et des ponts.

C'est alors (14 mars) que s'est produite l'offre des deux traités. Ces traités, dans la pensée des Alliés, devaient suffire à tout. Néanmoins, ils ont été complétés, grâce à l'effort du Gouvernement français, du 14 mars au 28 avril, par les clauses énumérées dans la note du 17 juillet remise à la Commission et qui sont empruntées à notre système initial.

Il est clair que c'est l'énergie avec laquelle le Gouvernement avait soutenu ce premier système qui lui a permis d'obtenir et les deux traités et les garanties supplémentaires qui viennent d'être rappelées.

IV. — Conclusions

L'analyse qui précède limite exactement le point sur lequel le Gouvernement a dû prononcer son choix. Ce point est le suivant : séparer ou ne pas séparer de l'Allemagne la rive gauche du Rhin; accepter ou refuser les traités offerts par la Grande-Bretagne et les Etats-Unis. Sur tous les autres points, les solutions du traité sont, en effet, identiques ou supérieures à celles du mémoire du 25 février.

Dans le premier cas, nous occupions la rive gauche séparée de l'Allemagne pour une durée non définie, mais avec nos seuls moyens, sous notre propre responsabilité, malgré les objections formelles de nos

alliés, dans une position d'isolement politique et militaire en face d'un pays toujours plus peuplé que
nous.

Dans le second cas, nous occupons la rive gauche
(qui reste allemande) pour 15 ans seulement, avec
évacuation par zones successives, mais aussi avec le
droit de prolonger l'occupation et de réoccuper; avec
destruction des forteresses et rejet des forces allemandes à 5o kilomètres à l'est du Rhin; avec droit
d'investigation pour la Société des Nations; avec participation des Gouvernements alliés et associés à l'occupation et à la réoccupation éventuelle; avec enfin
engagement d'aide militaire *immédiate* de la Grande-
Bretagne et des Etats-Unis en cas d'agression non
provoquée, cette agression étant définie par la violation de la ligne tracée à 5o kilomètres à l'est du
Rhin.

Telle est l'option que le Gouvernement a levée dans
les conditions exposées par la note du 17 juillet. Il a
fait connaître ses raisons. Il s'y tient.

En terminant cet examen rétrospectif du mémoire
du 25 février, le Gouvernement conclut que :

1° Ce mémoire, à la date où il a été rédigé, se jus-
tifiait, dans tous ses points, par la situation du moment.

2° Les demandes alors présentées ont été le levier
qui, à dater du 14 mars, a orienté la négociation
dans une voie nouvelle (offre des deux traités).

3° L'offre des Alliés du 14 mars (engagement défensif pur et simple) a été complétée par les garanties supplémentaires empruntées au système initial
que le Gouvernement français a obtenues du 14 mars
au 20 avril. (Voir note du 17 juillet.)

4° Le traité, ainsi établi, apporte à la France toutes les garanties essentielles demandées par la note du 25 février, sauf une (séparation de l'Allemagne de la rive gauche du Rhin), mais lui assure, en plus, la garantie générale, préventive et capitale des deux traités avec la Grande-Bretagne et les Etats-Unis.

Le Gouvernement fait observer enfin que le traité avec l'Allemagne et les traités avec la Grande-Bretagne et les Etats-Unis font un tout, et que, pour apprécier sainement les garanties par eux assurées à la France, c'est une mauvaise méthode d'examiner isolément tel ou tel article.

Ces garanties, qui se confirment et se complètent les unes les autres, sont de sept ordres différents :

a) Garantie générale de la Société des Nations pour l'intégrité territoriale et l'indépendance politique des signataires (art. 10, adopté le 16 février);

b) Réduction des forces militaires allemandes (art. 159 à 212, adoptés le 17 mars);

c) Fixation définitive à 50 kilomètres à l'est du Rhin de la frontière militaire de l'Allemagne, toute violation de cette clause par l'Allemagne étant considérée par les signataires comme un acte d'hostilité (art. 42 à 44, adoptés le 28 mars);

d) Droit d'investigation en Allemagne reconnu par elle au Conseil de la Société des Nations votant à la majorité, dès que l'Allemagne est accusée par un des signataires de violer les clauses militaires du traité (art. 213, adopté le 20 avril);

e) Occupation interalliée de la rive gauche et des têtes de ponts pour quinze ans, avec droit de prolongation et de réoccupation (art. 428 à 432, adoptés le 20 avril);

f) Traités avec la Grande-Bretagne et les Etats-Unis assurant l'aide immédiate (adoptés le 22 avril);

g) Maintien en vigueur de tous ces traités jusqu'à ce que *tous* les signataires soient d'accord pour les estimer inutiles (décidé le 23 avril).

Si on examine ensemble ces diverses garanties, toutes obtenues, sauf la première, après la rédaction du mémoire du 25 février; si on retient que le mécanisme protecteur qu'elles créent entre en jeu, non au lendemain de l'agression, mais dès qu'un des signataires réclame l'investigation en Allemagne, c'est-à-dire au premier soupçon que le Gouvernement allemand essaye de réarmer; si on observe enfin que ce n'est pas en six semaines ni en six mois que l'Allemagne pourra passer de l'état militaire où le traité l'a réduite à un état lui permettant d'attaquer, — on appréciera, mieux que par la critique d'articles isolés, le système préventif qui a été établi et on comprendra que, quelque temps qu'il puisse falloir aux Anglais et aux Américains pour se déployer à nos côtés, il en faudra beaucoup plus à l'Allemagne, soumise à l'investigation de la Société des Nations, pour se rééquiper pour la guerre.

Les faits et les dates qui précèdent répondent, semble-t-il, de façon complète à la question posée par la Commission sur la comparaison du mémoire du 25 février avec le traité de paix. Ils justifient l'opinion émise par le Gouvernement dans sa note du 17 juillet.

Cette opinion ne s'applique pas seulement à la question spéciale exposée par la présente note : elle est plus large. Il est, en effet, superflu d'insister sur la portée générale, politique et économique, d'un groupement tel que celui qui vient d'être constitué et qui n'a pas de précédent dans l'Histoire.

I

TRAITÉ
ENTRE LA FRANCE ET LA GRANDE-BRETAGNE
SIGNÉ A VERSAILLES LE 28 JUIN 1919

AIDE A DONNER A LA FRANCE
en cas d'agression allemande non provoquée

Considérant qu'il y a un danger que les stipulations concernant la rive gauche du Rhin et contenues dans le Traité de Paix, signé à Versailles, à la date de ce jour, n'assurent pas immédiatement à la République Française une sécurité et une protection appropriées;

Considérant que Sa Majesté Britannique est désireuse, sous réserve de l'assentiment de Son Parlement et pourvu qu'une obligation analogue soit prise par les Etats-Unis d'Amérique, de s'engager à soutenir le Gouvernement français dans le cas d'un acte d'agression non provoqué dirigé par l'Allemagne contre la France;

Considérant que le Président de la République Française et Sa Majesté Britannique ont décidé, dans ce but, de conclure un Traité et ont nommé, à ces fins, comme plénipotentiaires, savoir :

LE PRÉSIDENT DE LA RÉPUBLIQUE FRANÇAISE :

M. Georges CLEMENCEAU, Président du Conseil, Ministre de la Guerre;

M. PICHON, Ministre des Affaires Etrangères;

SA MAJESTÉ LE ROI DU ROYAUME-UNI DE GRANDE-BRETAGNE ET D'IRLANDE ET DES TERRITOIRES BRITANNIQUES AU DELA DES MERS, EMPEREUR DES INDES :

Le Très Honorable David Lloyd GEORGE, M. P. Premier Lord de la Trésorerie et Premier Ministre :

Le Très Honorable Arthur James BALFOUR, O. M. M. P. Secrétaire d'Etat pour les Affaires Etrangères;

Lesquels, après avoir échangé leurs pleins pouvoirs reconnus en bonne et due forme, ont convenu des dispositions suivantes :

ARTICLE PREMIER

Dans le cas où les stipulations suivantes, concernant la rive gauche du Rhin et contenues dans le Traité de Paix avec l'Allemagne signé à Versailles le 28 juin 1919, par l'Empire Britannique, le Gouvernement de la République Française et les Etats-Unis d'Amérique entre autres Puissances :

Article 42. — Il est interdit à l'Allemagne de maintenir ou de construire des fortifications, soit sur la rive gauche du Rhin, soit sur la rive droite, à l'ouest d'une ligne tracée à 5o kilomètres à l'est de ce fleuve.

Article 43. — Sont également interdits, dans la zone définie à l'article 42, l'entretien ou le rassemblement de forces armées, soit à titre permanent, soit à titre temporaire, aussi bien que toutes manœuvres militaires, de quelque nature qu'elles soient et le maintien de toutes facilités matérielles de mobilisation.

Article 44. — Au cas où l'Allemagne contreviendrait, de quelque manière que ce soit, aux dispositions des articles 42 et 43, elle serait considérée comme commettant un acte hostile vis-à-vis des Puissances signataires du présent Traité et comme cherchant à troubler la paix du monde.

n'assureraient pas immédiatement à la France la sécurité et la protection appropriées, la Grande-Bretagne consent à venir immédiatement à son aide dans le cas de tout acte non provoqué d'agression dirigé contre elle par l'Allemagne.

ART. 2

Le présent Traité, conçu en termes analogues à ceux du Traité conclu à la même date et aux mêmes fins entre la République Française et les Etats-Unis d'Amérique, Traité dont une expédition est ci-annexée, n'entrera en vigueur qu'au moment où ce dernier sera ratifié.

Art. 3

Le présent Traité devra être soumis au Conseil de la Société des Nations et devra être reconnu par le Conseil, décidant, s'il y a lieu, à la majorité, comme un engagement conforme au Pacte de la Société; il restera en vigueur jusqu'à ce que, sur la demande de l'une des parties audit Traité, le Conseil, décidant, s'il y a lieu, à la majorité, convienne que la Société elle-même assure une protection suffisante.

Art. 4

Le présent Traité sera, avant sa ratification par Sa Majesté Britannique, soumis au Parlement pour approbation.

Il sera, avant sa ratification par le Président de la République Française, soumis aux Chambres françaises pour approbation.

Art. 5

Le présent Traité n'imposera aucune obligation à aucun des Dominions de l'Empire britannique, à moins que et jusqu'à ce qu'il soit approuvé par le Parlement du Dominion intéressé.

Le présent Traité sera ratifié et, sous réserve des articles 2 et 4, entrera en vigueur en même temps que le Traité de Paix avec l'Allemagne de la même date entrera en vigueur pour la République Française et l'Empire Britannique.

En foi de quoi les plénipotentiaires sus-nommés ont signé le présent Traité, rédigé en langue française et en langue anglaise.

Fait en double, à Versailles, le 28e jour du mois de juin 1919.

(L. S.) G. CLEMENCEAU.
(L. S.) S. PICHON.
(L. S.) D. Lloyd GEORGE.
(L. S.) Arthur James BALFOUR.

II

TRAITÉ

ENTRE LA FRANCE ET LES ÉTAT-UNIS D'AMÉRIQUE

SIGNÉ A VERSAILLES LE 28 JUIN 1919

AIDE A DONNER A LA FRANCE
en cas d'agression allemande non provoquée

ARRANGEMENT ENTRE LES ÉTATS-UNIS D'AMÉRIQUE ET LA FRANCE

Signé à Versailles le 28 juin 1919

Considérant que les Etats-Unis d'Amérique et le Gouvernement de la République Française sont également animés du désir de maintenir la paix du monde, si heureusement restaurée par le Traité de paix signé à Versailles, le 28 juin 1919, qui a mis fin à la guerre commencée par l'agression de l'Empire allemand et terminée par la défaite de cette Puissance;

Considérant que les Etats-Unis d'Amérique et le Gouvernement de la République Française sont pleinement convaincus qu'un acte d'agression non provoqué, dirigé par l'Allemagne contre la France, ne violerait pas seulement tout à la fois la lettre et l'esprit du traité de Versailles, auquel les Etats-Unis d'Amérique et la République Française sont parties, exposant ainsi de nouveau la France aux intolérables charges d'une guerre non provoquée, mais qu'une semblable agression de la part de l'Allemagne constituerait et est réputée par le Traité de Versailles un acte hostile contre toutes les Puissances signataires dudit Traité et calculé pour troubler la paix du monde en y entraînant inévitablement et directement les Etats de l'Europe et indirectement le monde entier, comme l'expérience l'a amplement et malheureusement démontré;

Considérant que les Etats-Unis d'Amérique et le Gouvernement de la République Française appréhendent que les stipulations concernant la rive gauche du Rhin et contenues dans ledit Traité de Versailles, peuvent ne pas assurer immédiatement à la France, d'une part, et, d'autre part, aux Etats-Unis, comme une des Puissances signataires du Traité de Versailles, une sécurité et une protection appropriées;

En conséquence, les Etats-Unis d'Amérique et le Gouvernement de la République Française ayant décidé de conclure un Traité pour ces fins nécessaires, Woodrow WILSON, Président des Etats-Unis d'Amérique, et Robert LANSING, Secrétaire d'Etat des Etats-Unis, spécialement autorisé à cet effet par le Président des Etats-Unis, et Georges CLEMENCEAU, Président du Conseil, Ministre de la Guerre, et Stephen PICHON, Ministre des Affaires Etrangères, spécialement autorisés à cet effet par Raymond POINCARÉ, Président de la République Française, sont tombés d'accord sur les dispositions ci-après :

Article premier

Dans le cas où les stipulations suivantes, concernant la rive gauche du Rhin et contenues dans le Traité de Paix avec l'Allemagne signé à Versailles le 28 juin 1919 par les Etats-Unis d'Amérique et le Gouvernement de la République Française ainsi que par l'Empire Britannique entre, autres puissances :

Article 42. — Il est interdit à l'Allemagne de maintenir ou de construire des fortifications, soit sur la rive gauche du Rhin, soit sur la rive droite, à l'ouest d'une ligne tracée à 5o kilomètres à l'est de ce fleuve.

Article 43. — Sont également interdits, dans la zone, définie à l'article 42, l'entretien ou le rassemblement de forces armées, soit à titre permanent, soit à titre temporaire, aussi bien que toutes manœuvres militaires, de quelque nature qu'elles soient et le maintien de toutes facilités matérielles de, mobilisation.

Article 44. — Au cas où l'Allemagne contreviendrait, de quelque manière que ce soit, aux dispositions des articles 42 et 43, elle, serait considérée comme commettant un acte hostile vis-à-vis des Puissances signataires du présent Traité et comme cherchant à troubler la paix du monde.

n'assureraient pas immédiatement à la France la sécurité et la protection appropriées, les Etats-Unis d'Amérique seront tenus de venir immédiatement à son aide dans le cas de tout acte, non provoqué d'agression dirigé contre elle par l'Allemagne.

Art. 2

Le présent Traité conçu en termes analogues à ceux du Traité conclu à la même date et aux mêmes fins entre la Grande-Bretagne et la République Française, Traité dont une expédition est ci-annexée, n'entrera en vigueur qu'au moment où ce dernier sera ratifié.

Art. 3

Le présent Traité devra être soumis au Conseil de la Société des Nations et devra être reconnu par le Conseil, décidant, s'il y a lieu, à la majorité, comme un engagement conforme au Pacte de la Société; il restera en vigueur jusqu'à ce que, sur la demande de l'une des parties audit Traité, le Conseil, décidant, s'il y a lieu, à la majorité, convienne que la Société elle-même assure une protection suffisante.

Art. 4

Le présent Traité sera, avant ratification, soumis aux Chambres françaises pour approbation. Il sera soumis au Sénat des Etats-Unis en même temps que le Traité de Versailles sera soumis au Sénat pour avis et assentiment à la ratification. Les ratifications seront échangées lors du dépôt à Paris des ratifications du Traité de Versailles ou aussitôt après qu'il sera possible.

En foi de quoi, les plénipotentiaires respectifs, sa·
voir :

Pour la République Française, Georges CLEMENCEAU,
Président du Conseil des Ministres, Ministre de la
Guerre, et Stephen PICHON, Ministre des Affaires étran·
gères;

et

Pour les Etats-Unis d'Amérique, Woodrow WILSON,
Président, et Robert LANSING, Secrétaire d'Etat des
Etats-Unis,

Ont signé les dispositions qui précèdent, rédigées
en langue anglaise et en langue française, et y ont
apposé leurs sceaux.

Fait en double, dans la ville de Versailles, le ã8ᵉ
jour du mois de juin de l'an de grâce mil-neuf-cent-
dix-neuf, et le cent quarante-troisième de l'indépen
dance des Etats-Unis d'Amérique.

(L. S.) G. CLEMENCEAU.
(L. S.) S. PICHON.
(L. S.) Woodrow WILSON.
(L. S.) Robert LANSING.

ANNEXE IV

TABLEAU N° 1

SITUATION ET EFFECTIFS DES ÉTATS-MAJORS
DE CORPS D'ARMÉE ET DES DIVISIONS D'INFANTERIE
ET DE CAVALERIE DE L'ARMÉE ALLEMANDE

Ces tableaux ne constituent pas un effectif déterminé imposé à l'Allemagne; mais les chiffres qui s'y trouvent (nombre d'unités et effectifs) constituent des maxima qui ne doivent, en aucun cas, être dépassés.

I. — Etats-majors de corps d'armée

UNITÉS	NOMBRE maximum autorisé.	EFFECTIF MAXIMUM de chaque unité.	
		Officiers.	Hommes.
Etat-major de corps d'armée	2	30	150
Total pour les états-majors. . .		60	300

II. — Composition d'une division d'infanterie

UNITÉS CONSTITUTIVES	NOMBRE maximum de ces unités dans une même division.	EFFECTIF MAXIMUM de chaque unité.	
		Officiers.	Troupe.
Etat-major de la division d'infanterie . .	1	25	70
Etat-major de l'infanterie divisionnaire. .	1	4	30
Etat-major de l'artillerie divisionnaire. .	1	4	30
Régiment d'infanterie.	3	70	2 300
(Chaque régiment comprend : 3 bataillons d'infanterie. Chaque bataillon comprend : 3 compagnies d'infanterie et 1 compagnie de mitrailleuses.)			
Compagnie de *minenwerfer*.	3	6	150
Escadron divisionnaire.	1	6	150
Régiment d'artillerie de campagne. . . .	1	85	1 300
(Chaque régiment comprend : 3 groupes d'artillerie. Chaque groupe comprend : 3 batteries.)			
Bataillon de pionniers.	1	12	400
(Ce bataillon comprend : 2 compagnies de pionniers, 1 équipage de ponts, 1 section de projecteurs)			
Détachement de liaisons.	1	12	300
(Ce détachement comprend : 1 détachement téléphonique, 1 section d'écoute, 1 section de colombiers.)			
Service de santé divisionnaire.	1	20	400
Parcs et convois.		14	800
Total pour la division d'infanterie.		410	10 830

III. — Composition d'une division de cavalerie

UNITÉS CONSTITUTIVES	NOMBRE maximum de ces unités dans une même division	EFFECTIF MAXIMUM de chaque unité.	
		Officiers.	Troupe.
Etat-major d'une division de cavalerie. .	1	15	50
Régiment de cavalerie.	6	40	800
(Chaque régiment comprend : 4 escadrons)			
Groupe à cheval (à 3 batteries).	1	20	400
Total pour la division de cavalerie.		275	5 250

TABLEAU N° 2

Tableau de l'armement pour la dotation d'un maximum de 7 divisions d'infanterie, 3 divisions de cavalerie et 2 états-majors de corps d'armée

MATÉRIEL	DIVISION d'infanterie. 1	POUR 7 divisions d'infanterie. 2	DIVISION de cavalerie. 3	POUR 3 divisions de cavalerie 4	2. E. M. C. A. 5	TOTAUX des colonnes. 2, 4 et 5. 6
Fusils.	12 000	84 000	»	»	Cette dotation est à prélever sur l'armement majoré de l'infanterie des divisions.	84 000
Carabines. . . .	»	»	6 000	18 000		18 000
Mitrailleuses lourdes. . . .	108	756	12	36		792
Mitrailleuses légères. .. .	162	1 134	»	»		1 134
Minenwerfer moyens. . . .	9	63	»	»		63
Minenwerfer légers. . . .	27	189	»	»		189
Pièces 77. . . .	24	168	12	»		204
Obusiers 105. .	12	84	»	»		84

TABLEAU N° 3

Stocks maxima autorisés

MATÉRIEL	NOMBRE maximum d'armes autorisées.	DOTATION par unité.	TOTAUX maxima.
Fusils.	84 000	400 coups.	40 800 000
Carabines.	18 000		
Mitrailleuses lourdes.	792	8 000 —	15 408 000
Mitrailleuses légères.	1 134		
Minenwerfer moyens.	63	400 —	25 200
Minenwerfer légers.	189	800 —	151 200
Artillerie de campagne.			
Pièces d'artillerie 77	204	1000 —	204 000
Pièces d'artillerie 105.	84	800 —	67 200

ANNEXE V

Crimes allemands classés par la Commission des responsabilités de la Conférence de la Paix

La Commission des responsabilités de la Conférence de la Paix a proposé de classer les crimes allemands sous les chefs suivants :

1. Meurtres et massacres; terrorisme systématique;
2. Mise à mort d'otages;
3. Tortures infligées aux civils;
4. Famine imposée aux civils;
5. Viols;
6. Enlèvement forcé de jeunes filles et de femmes pour les contraindre à la prostitution;
7. Déportation de civils;
8. Internement de civils dans des conditions inhumaines;
9. Travail forcé des civils ou autres se rapportant aux opérations militaires de l'ennemi;
10. Usurpation des droits souverains de l'Etat pendant l'occupation militaire;
11. Enrôlement obligatoire des soldats pris parmi les habitants des territoires occupés;
12. Tentatives faites pour dénationaliser les habitants des territoires occupés;
13. Pillage;
14. Confiscation de la propriété;

15. Imposition de contributions et réquisitions illégitimes ou exorbitantes;
16. Dépréciation du système monétaire et émission de fausse monnaie;
17. Peines collectives;
18. Destruction et dévastation de propriété sans raison;
19. Bombardement intentionnel de places sans défense;
20. Destruction sans raison d'édifices, de monuments historiques et d'édifices consacrés aux cultes, à la charité et à l'instruction;
21. Destruction de navires marchands et de navires de passagers sans avertissement et sans précaution pour la sécurité des équipages et des passagers;
22. Destruction de barques de pêche et de navires de secours;
23. Bombardement intentionnel d'hôpitaux;
24. Attaque et destruction de navires-hôpitaux;
25. Violation d'autres règles se rapportant à la Croix-Rouge;
26. Emploi de gaz délétères et asphyxiants;
27. Emploi de balles explosives ou expansives et autres armes inhumaines;
28. Ordres de ne pas faire quartier;
29. Mauvais traitements infligés aux blessés et aux prisonniers de guerre;
30. Emploi des prisonniers de guerre à des travaux non autorisés;
31. Emploi abusif du drapeau blanc;
32. Empoisonnement des puits.

Nota. — Il doit être bien entendu que cette énumération des catégories d'infractions commises par les Empires centraux et leurs alliés ne doit pas être considérée comme complète, ni comme épuisant la question. Les additions qui apparaîtraient comme justifiées pourront y être faites.

TABLE DES MATIÈRES

PREMIÈRE PARTIE

Rapport présenté au Sénat

DEUXIÈME PARTIE

Discours

ANNEXES

Imprimerie de J. Dumoulin, à Paris. — 908.11.19.